San Lorenzo

Italien in der Küche

Alle Rezepte der italienischen Tradition

Fotografien: Arc-en-ciel, Archivio Demetra
Zeichnungen: Mario Steppele

www.giunti.it

ISBN 88-09-02603-9

Prima edizione: marzo 2002

Ristampa	Anno
8 7 6 5 4	2007 2006 2005 2004

Stampato presso Giunti Industrie Grafiche S.p.A. - Stabilimento di Prato

San Lorenzo

Il Bel Paese – "Das schöne Land" Italien vom Aostatal bis nach Sizilien zu durchreisen, um die wahre, volkstümliche Küche der einzelnen Regionen auf köstlichen Etappen zu entdecken... Dazu möchte San Lorenzo alle leidenschaftlichen und neugierigen Feinschmecker mit dieser Sammlung an klassischen Gerichten und antiken Rezepten naturreiner Tradition einladen. Die typisch mediterranen Zutaten wie Olivenöl, Wein, Tomaten oder Gewürze werden hier mit vielseitiger Fantasie verarbeitet. Von der Vorspeise bis hin zum Dessert bieten wir Ihnen 247 Rezepte, deren Duft an die Geschichte und Tradition sowie an die Leidenschaft und Nostalgie dieses wunderschönen Landes erinnert: mediterrane Tipps für eine farbenfrohe und kreative aber vor allem gesunde Kost.
Diese Sammlung ist all denen gewidmet, die wie Sie die "gute Küche" als unwiderstehlichen Genuss betrachten.

Alle Rezepte der italienischen Tradition

San Lorenzo

Ausgezeichnete Speziälitäten fertig zum Probieren

ITALIEN IN DER KÜCHE

Spaghetti
Pasta di semola di grano duro
San Lorenzo
500 g e

FILETTI DI ACCIUGHE ALL'OLIO DI OLIVA

BARBERA DEL MONFERRATO
Vivace
FRIULI
GRAVE
CHARDONNAY

PANCETTA COPPATA

PARMIGIANO REGGIANO
EXTRA

ACETO BALSAMICO
DI MODENA

San Lorenzo

Die köstlichen Appetitanreger sind die Visitenkarte eines jeden Menüs aber auch die des Kochs, der seine eigene schöpferische Begabung in vielfältiger Weise zum Ausdruck bringen kann. Sie stellen oft den lebhafteren und fantasiereicheren Teil des Menüs dar und haben die Aufgabe, wie eine musikalische Ouverture, den Gast zu verführen und seinen Gaumen auf die darauf folgenden Köstlichkeiten vorzubereiten.
Ob sie nun ein einfaches Familienessen oder ein prunkvolles Diner eröffnen sollen, diese 34 Rezepte haben eines gemeinsam: alle sind besonders leicht und bekömmlich, einige davon sehr leicht zuzubereiten, und die meisten können vorzeitig vorbereitet werden und brauchen dann kurz vor dem Servieren nur noch eine letzten Handgriff.

Zu Vorspeisen serviert man vorwiegend trockene Weißweine wie den vorzüglichen Arneis Roero d.o.c. mit dem Etikett San Lorenzo oder junge und nicht allzu körperreiche Rotweine wie den Grignolino del Monferrato Casalese d.o.c. Falls man gerne Champagner oder Spumante serviert, dann ist das die richtige Gelegenheit.

San Lorenzo

Die Vornehmheit zu Tisch

Vorspeisen

*Alle Rezepte
der italienischen
Tradition*

Marinierte Sardellen

Kampanien

500 g frische Sardellen, 1 Zitrone, 2-3 Lorbeerblätter, 1 Bund glatte Petersilie, 1 l Weißweinessig, Olivenöl extra vergine, Salz.

Die Sardellen putzen, den Kopf und die Gräten entfernen (sie müssen mit einem einzigen Ruck entfernt werden), abspülen und trocknen lassen. In einer Glas- oder Keramikform mit hohem Rand anordnen und mit den Lorbeerblättern, der geriebenen Zitronenschale (nur der gelbe Teil) und der Petersilie anrichten. Mit dem abgekochten Essig bedecken und marinieren lassen. Nach ca. 4 Stunden die Sardellen abtropfen lassen und in einen anderen hohen Keramikbehälter geben. Salzen und dünn mit Olivenöl abdecken.

Italienische Vorspeise

So nennt man diese typisch italienische Vorspeise, die aus gemischtem Aufschnitt besteht. Ihr Erfolg hängt hauptsächlich von der Sorgfalt, mit der sie angerichtet wird, sowie von den geeigneten Beilagen ab: verschiedene Brotsorten, Grissini, in Essig oder Öl eingelegtes Gemüse, Butterlocken, Sardellen, frisches oder gegrilltes Gemüse (empfehlenswert sind auch frische Früchte, wie Honigmelone, Feigen, Birnen, etc., die sich besonders gut mit salzigen Speisen kombinieren lassen). Üblicherweise wird der Rohschinken in einer Schale angeordnet, die in die Mitte einer Servierplatte gestellt wird. Der Schinken wird an dem einen Ende nach innen gerollt, wobei die andere Hälfte wie ein Wasserfall über den

Schalenrand hängt. Die Scheiben müssen leicht übereinander liegen. Als appetitliche Alternative kann die Schale durch eine ausgehöhlte Melone (eigens dafür geeignete Küchenutensilien benutzen) ersetzt werden. Aus dem Fruchtfleisch der Melone können Sie viele kleine Kugeln machen, die in Glasschälchen mit Eiswürfeln serviert werden können. Der gekochte Schinken und die groben Salamischeiben können doppelt gelegt, nebeneinander auf der Servierplatte angeordnet werden. Die feinen Salamischeiben sowie die Mortadellascheiben zu spitz zulaufenden Röllchen aufrollen. Die Salamischeiben können mit fächerförmig geschnittenen Essiggurkenscheiben oder mit Granakäsestiften gefüllt werden. Auch die Dekoration des in Essig eingelegten Gemüses sollte wohl überlegt sein. Es kann zum Beispiel in Holzschälchen oder auf einer Servierplatte angeordnet werden, auf die man vorher ein Salatblatt gelegt hat. Auf dem Tisch sollten Brotkörbe, Grissini, Bruschetta, belegte Schnittchen und ein paar Schüsselchen mit Butterflocken nicht fehlen.

Auberginen-Vorspeise

◂ *Kalabrien* ▸

4 Auberginen, 4 Knoblauchzehen, 1 Bund Basilikum, 2 Esslöffel Apfelessig, 1/2 Glas Olivenöl extra vergine, Salz, hausgemachtes Brot.

Die Auberginen waschen und in längliche Streifen schneiden; mit ein wenig Salz bestreuen, damit sie ihre Feuchtigkeit verlieren. In der Zwischenzeit das Basilikum zerkleinern und zu dem gehackten Knoblauch geben, alles mit Öl, Essig und Salz anrühren, so dass eine Sauce entsteht.

Das Salz von den Auberginen waschen und diese auf beiden Seiten für wenige Minuten auf dem Grill anbraten. Vom Feuer nehmen und in einer Salatschüssel mit der Basilikumsauce verrühren, danach für mindestens 10 Stunden an einem kühlen Platz ruhen lassen. Mit geröstetem Brot servieren.

Antipasto mit Parmesankäse und Trüffeln

250 g Parmesankäse, 2 weiße Trüffeln mittlerer Größe, 1/2 Zitrone, Butter, 2 EL Olivenöl extra vergine, Salz, Pfeffer.

Die Trüffeln sorgfältig mit einer kleinen Bürste und einem sauberen Geschirrtuch putzen. Mit einem Trüffelschneider in Scheiben schneiden. Die Hälfte der Scheiben in eine gefettete Form geben. Salzen, leicht pfeffern und mit der Hälfte des in dünne Lamellen gehobelten Parmesankäses bedecken und mit dem Olivenöl beträufeln. Dann auf die gleiche Weise eine zweite Schicht in die Form geben. Die Form in den vorgeheizten Backofen stellen und ca. 10 Minuten backen. Aus dem Backofen holen und mit Zitronensaft beträufeln.

Bagna Caûda

Aostatal-Piemont

200 g Sardellen (in Salz), 200 g Knoblauch, 250 g Olivenöl extra vergine, 40 g Butter.

Die Sardellen sorgfältig (mit einem feuchten Küchentuch) vom Salz befreien und entgräten, in kleine Stücke schneiden und zusammen mit dem feingeschnittenen Knoblauch in einen Tontopf geben. Mit Öl bedecken und auf einem feuerfesten Gitter unter ständigem Rühren kochen lassen, so dass sich die Sardellen auflösen (Achtung: Die Flamme muss so niedrig sein, dass sich der Knoblauch nicht zu stark erhitzt). Nach ca. 30 Minuten wird in dieser Sauce die Butter geschmolzen und die Tunke auf den Tisch in den besonderen Wärmer gestellt. In diese Bagna Caûda tunkt man klein geschnittenes rohes Gemüse (Kardonen, Paprikaschoten, Sellerie, Endivien, Radicchio-Salat etc.) und gekochtes Gemüse (Zwiebeln, Rote Beeten, geröstete Paprikas etc.).

Eine etwas leichtere Version sieht vor, den Knoblauch vor dem Zerschneiden einige Stunden in etwas Milch zu legen und dann zum Aromatisieren des Öls zu verwenden. Vor dem Kochen der Sardellen wird er wieder entfernt. In diesem Fall kann man vor dem Servieren einen hauchdünn geschnittenen weißen Trüffel zu der Sauce zugeben.

Krabben-Schiffchen

Für den Blätterteig: 125 g Mehl, 125 g Butter, 1 Ei, Salz.

Für die Füllung: 50 g Krabben, 50 g Steinpilze, 2 TL Schnittlauch, 1 EL Sherry, Zitronensaft, 20 g gesalzene Butter, 1/2 EL saure Sahne, Salz, Pfeffer.

Verwenden Sie für die Zubereitung des Blätterteigs unbedingt kalte Küchenutensilien und eiskaltes Wasser. Das Mehl mit einer Prise Salz und einer Tasse mit eiskaltem Wasser zu einem festen Teig verkneten. Den Teig mit einem Geschirrtuch abdecken und an einem dunklen und kalten Ort ruhen lassen. Die Hände mit Wasser anfeuchten und die Butter solange kneten, bis Sie die gleiche Festigkeit wie der Teig erreicht hat und der Butter dann eine rechteckige Form geben. Den Teig auf einer gut gemehlten Arbeitsfläche ausrollen und die Butter in die Mitte geben; den Teig über der Butter zu einem Paket zusammenfalten und sehr vorsichtig mit einem Nudelholz drücken, damit die Butter mit dem Teig verschmelzen kann. Jetzt mit der Zubereitung des Blätterteigs beginnen, die die berühmten „Touren" beinhaltet, die nötig sind, damit der Blätterteig schön knusprig und locker wird. Das Nudelholz und die Arbeitsplatte müssen dazu stets gut eingemehlt werden. Den Teig zu einem 1 cm dicken Rechteck ausrollen. Dreimal umschlagen, so dass ein Quadrat entsteht, erneut ausrollen und beim Rollen die Richtung wechseln. Erneut dreimal umschlagen und 15 Minuten im Kühlschrank ruhen lassen. Die gleiche Prozedur und die gleiche Ruhezeit zwei weitere Male wiederholen (6 „Touren" müssen insgesamt gemacht werden). Anschließend ist der Blätterteig fertig.
Den Blätterteig ausrollen und mit einer ovalen Form aus dem Teig kleine Schiffchen formen. Bei 180 °C circa 10 Minuten in den Ofen schieben. Die Krabben abwaschen und in einem Topf kochendes Wasser 10 Minuten kochen lassen. Dann von der Schale befreien und abkühlen lassen. In der Zwischenzeit die Füllung vorbereiten: die Steinpilze sehr sorgfältig putzen, waschen und vorsichtig abtrocknen. In einem Terrakottatopf die gesalzene Butter schmelzen, dann die Steinpilze dazugeben und eine Minute andünsten. Die saure Sahne mit etwas Zitronensaft mischen und hinzufügen. Ständig mit einem Holzlöffel umrühren und zum Kochen bringen.
Schließlich die Krabben und den gehackten Schnittlauch dazugeben, mit Salz und Pfeffer abschmecken und einen Schuss Sherry hinzugeben. Vom Feuer nehmen und abkühlen lassen. Die Schiffchen mit der Sauce füllen und servieren.

Salbeiplätzchen

◂ *Basilikata* ▸

500 g Mehl, 1 Päckchen Hefe für salzige Kuchen, 1 Glas Milch, 1 Bund Salbei, 150 g Butter, 1 TL Salz.

In einer Schüssel das Mehl, das Backpulver, Salz, die gehackten Salbeiblätter und die zerlassene Butter vermengen. Nach und nach die Milch zugeben. Den Teig sorgfältig durcharbeiten, ca. 1 cm dick ausrollen, mit einem runden Förmchen (oder Glas) Plätzchen ausstechen und auf ein gefettetes Backblech legen. Im vorgeheizten Ofen ca. 10 Minuten backen.

Bruschetta

◂ *Latium* ▸

Hausgemachtes Brot, Knoblauch, Olivenöl extra vergine, Salz.

Diese Brotspezialität ist in beinahe allen südlichen Regionen Italiens verbreitet, die sich oftmals den Ursprung dieser schmackhaften Vorspeise streitig machen. Das Brot in 1,5 cm dicke Scheiben schneiden und rösten (am besten über einem Holzfeuer). Kurz vor dem Servieren das Brot auf einer Seite mit Knoblauch einreiben, mit einer Prise Salz würzen und mit gutem Öl beträufeln. Warm servieren.
Ausgezeichnet ist auch die Version mit Tomaten, bei der die Brotscheibe mit Tomatensauce bestrichen und mit Basilikum, Salz, Pfeffer und Öl gewürzt wird. Anstelle der Tomatensauce kann man auch frische Tomaten verwenden. Entkernen, abtropfen lassen und in kleine Würfel schneiden. Die Brotoberfläche mit Knoblauch einreiben, die Tomatenwürfel darauf verteilen, salzen und einen Schuss Olivenöl extra vergine darübergeben.

Überbackene Jakobsmuscheln

◂ *Venetien* ▸

2-3 Jakobsmuscheln pro Person, Semmelbrösel, 1 Bund Petersilie, Kognak, Butter, Salz, Pfefferkörner.

Zum Säubern den flachen Teil der Schale lösen und die Muscheln aus der Schale nehmen. Einige Eßlöffel Semmelbrösel mit gehackter Petersilie, einer Prise Salz, gemahlenem Pfeffer und einem Schuss Kognak vermischen (die Masse darf nicht zu feucht sein). Die Muscheln in den Semmelbröseln wenden und wieder in die Schalen füllen; diese mit einem weiteren Schuss Kognak begießen und auf jede ein Stück Butter setzen. Die Jakobsmuscheln im vorgeheizten Ofen ca. 10 Minuten überbacken und sehr heiß servieren.

Cazzilli

◂ *Sizilien* ▸

1 kg Kartoffeln, 1 Knoblauchzehe, 1 Bund Petersilie, 2 Eier, Semmelbrösel, Olivenöl, Salz, Pfeffer.

Die Kartoffeln kochen, schälen und durch eine Kartoffelpresse drücken; das Püree mit gehacktem Knoblauch und Petersilie vermischen und mit Salz und Pfeffer abschmecken.
Wenn die Mischung abgekühlt ist, ovale Kroketten daraus formen, die in geschlagenem Eiweiß gewendet, in Semmelbröseln gewälzt und in heißem Öl ausgebacken werden. Aus dem Fett nehmen, auf Küchenpapier abtropfen lassen, mit Salz bestreuen und noch heiß servieren.

Krabben- oder Scampi-Cocktail

◆

Für die Salsa Aurora: Mayonnaise, 2 EL Salsa Rubra, 2 EL flüssige Sahne, 1 EL Kognak.
Für die Füllung: 500 g geschälte Krabben oder Scampi, 1 Herz Kopfsalat, 1 Zweig Dill, Tabasco, Salz, weißer Pfeffer, geröstetes Brot.

Die Mayonnaise mit der Salsa Rubra und der Sahne vermengen und mit dem Kognak und einem Tropfen Tabasco würzen. Die Krabben hinzufügen. Die gewaschenen Salatblätter in kleine Schüsseln verteilen und einige Esslöffel Krabben mit der Sauce daraufgeben. Mit Dill dekorieren und den Cocktail kalt servieren. Als Beilage geröstetes Brot reichen.

Gefüllte Miesmuscheln

◂ *Marken* ▸

1 kg Miesmuscheln, 300 g reife, feste Tomaten, 1 Bund Petersilie, 1 Knoblauchzehe, Semmelbrösel, Olivenöl extra vergine, Salz, Pfeffer.

Die Muscheln unter fließendem Wasser abschaben und in einem Topf bei hoher Temperatur öffnen; nach und nach, wenn sich die Schalen öffnen, die leeren Hälften herausnehmen und die anderen Hälften mit der Muschel auf ein Backblech legen.
Die Tomaten mit kochendem Wasser überbrühen, um sie besser schälen zu können, entkernen und kleinschneiden. Die Tomaten mit fein gehackter Petersilie, Knoblauch, Salz, frisch gemahlenem Pfeffer, Öl und einigen Esslöffeln Semmelbrösel vermengen, die der Masse eine feste, aber dennoch weiche Konsistenz verleihen. Die Masse auf die Muscheln geben und nochmals mit Öl beträufeln. Die Muscheln im vorgeheizten Ofen ca. 10 Minuten überbacken.
Eine andere Version dieses Rezeptes sieht die Zugabe von grob gewürfeltem rohen Schinken (ca. 50 g) zur Füllmasse vor.

Geröstetes Brot mit Leber

◂ *Umbrien* ▸

Bauernbrot in Scheiben, 250 g Hühnerleber, 1 kl. Zwiebel, 3 Sardellen, 1 EL Kapern, Weißwein, Butter, Salz, Pfefferkörner.

Die Zwiebel in etwas Butter andünsten; die Leber hinzufügen, mit etwas Weißwein ablöschen, salzen und, wenn die Sauce etwas eingedickt ist, vom Feuer nehmen. Die Leber zusammen mit den Sardellen und den Kapern hacken. Wieder auf das Feuer setzen und mit etwas Butter einige Minuten dünsten, frisch gemahlenen Pfeffer beigeben und schließlich die gerösteten Brotscheiben mit dem Gemisch bestreichen.

Geröstete Brotschnitten mit Trüffeln

◂ *Umbrien* ▸

Brotscheiben, schwarzer Trüffel nach Belieben, Sardellenfilets, 1 Zitrone, Olivenöl extra vergine.

Den Trüffel sorgfältig säubern und waschen, dann genügend Trüffel zum Würzen der Brote reiben (hängt auch von der Qualität des Trüffels ab). In einem kleinen Topf etwas Öl erhitzen, den geriebenen Trüffel hineingeben und kurze Zeit

auf dem Herd lassen. Die zerkleinerten Sardellenfilets und den Zitronensaft dazugeben und sorgfältig rühren. Zum Schluss die Brotscheiben rösten, mit der zubereiteten Masse bestreichen und servieren.

Geröstete Brotscheiben nach Art der *Ciociara*

◂ *Latium* ▸

Hausgemachtes Brot, frischer Ziegenkäse, reife, feste Tomaten, schwarze Oliven, Essig, Olivenöl extra vergine, Cayennepfeffer.

Den zerkleinerten Ziegenkäse mit Öl und Essig in einer kleinen Pfanne auf den Herd stellen; bei geringer Temperatur unter Rühren den Käse schmelzen. Kurz bevor man die Pfanne vom Herd nimmt, die gewürfelten Tomaten, die entsteinten, in Stücke geschnittenen Oliven und eine Prise Cayennepfeffer zugeben.
Kurz durchziehen lassen, während die Brotscheiben geröstet werden. Diese auf einen Teller legen und die Sauce darauf verteilen.

Spinatkuchen

◂ *Emilia Romagna* ▸

1 kg Spinat, 100 g Weizenmehl, 60 g Schmalz, 100 g Bauchspeck, 1 kleine Zwiebel, 1 Knoblauchzehe, 300 g Semmelbrösel, 200 g Parmesankäse, 4 Eier, Salz, Pfeffer.

Den Spinat sorgfältig putzen und waschen, in kochendem Wasser garen, ausdrücken und fein zerkleinern. Während er kocht, aus Mehl, Schmalz, Wasser und Salz einen Teig zubereiten, der in Kugelform ca. eine halbe Stunde im Kühlschrank ruhen muss.
Die Zwiebel und den Knoblauch säubern, zusammen mit dem Speck klein schneiden und rösten. Hierin wird auch der Spinat angebraten. Das Ganze vom Herd nehmen, Semmelbrösel, geriebenen Käse, Eier und Salz zufügen. Den Teig aus dem Kühlschrank nehmen, in zwei Hälften teilen und jede ca. 1 cm dick ausrollen. Den Boden einer Kuchenform sorgfältig einfetten und eine der ausgerollten Teighälften hineinlegen. Die Form beinahe bis zum Rand mit der zubereiteten Masse füllen und mit der anderen Hälfte des ausgerollten Teiges bedecken.
Mit einer Gabel Löcher in die Oberfläche stechen und bei mäßiger Temperatur (ca. 160°C) etwa eine halbe Stunde im Ofen lassen. Aus dem Ofen nehmen, in Stücke schneiden und heiß oder kalt servieren.

Fettunta

◂ *Toskana* ▸

4 Scheiben altbackenes, hausgemachtes Brot, 2 Knoblauchzehen, Olivenöl extra vergine, Salz, Pfefferkörner.

Die Zubereitung ist äußerst einfach und das Gelingen hängt vor allem von der Qualität des Öls ab (ideal wäre kaltgepresstes Olivenöl der ersten Pressung). Die Brotscheiben, die mindestens vom Tag zuvor sind, leicht über der Holzglut oder unter dem Ofengrill rösten. Sobald die Oberfläche knusprig wird, mit der Knoblauchzehe einreiben, eine Prise Salz und gemahlenen Pfeffer darauf verteilen. Mit etwas Öl beträufeln und sofort servieren, solan-

ge sie noch sehr heiß sind und das Öl noch nicht vollständig in das Brot eingezogen ist.
Im Winter sieht die Zubereitung der Fettunta auch vor, dass in Salzwasser gekochter Schwarzkohl auf das Brot kommt.

Meerspinne mit Zitrone

◂ *Venetien* ▸

1 nicht zu große Meerspinne pro Person, 1 Zitrone, Petersilie, Olivenöl extra vergine, Salz, Pfeffer.

Die Meerspinnen in ausreichend gesalzenem Wasser garen (eventuell mit Zwiebel, Lorbeer und Petersilie gewürzt). Nach 30 Minuten aus dem Wasser nehmen, abkühlen lassen, den Körper von den Beinen trennen. Das Fleisch sowohl aus dem Rückenschild als auch aus den Beinen der Krustentiere lösen, zerkleinern und wieder in die (zuvor sorgfältig gereinigten) Schalen füllen. Mit einem Schuss Öl, etwas Zitronensaft, Salz und Pfeffer würzen. Vor dem Servieren mit gehackter Petersilie garnieren.

Meeresfrüchtesalat

◂ *Kampanien* ▸

3 kg Weichtiere verschiedener Art (Miesmuscheln, Venusmuscheln, Meerscheiden etc.), 6 Moschuspolypen, 1-2 Zitronen, 3 Knoblauchzehen, 1 Bund Petersilie, 1 Lorbeerblatt, Salz, Pfefferkörner.

Die Moschuspolypen säubern; sind sie sehr klein, lässt man sie ganz, andernfalls trennt man die Fangarme vom Sack und schneidet sie in 3-4 Stücke. In kochendes Salzwasser geben, dem eini-

ge Zitronenscheiben, Lorbeer und ein paar Pfefferkörner zugefügt wurden. 3-4 Minuten kochen und gut abtropfen lassen. Zur Zubereitung der Weichtiere werden diese sorgfältig gesäubert und gewaschen. Mit einigen Esslöffeln Öl und gehacktem Knoblauch in einer Pfanne anbraten. Die Muscheln bei großer Hitzezufuhr öffnen und die Schalen entfernen. Zum Schluss die am Topfboden zurückgebliebene Flüssigkeit filtrieren.
Die Weichtiere ohne Schalen und die Moschuspolypen auf einem Servierteller anrichten und mit der filtrierten Kochflüssigkeit beträufeln, die zuvor mit Zitronensaft, Pfeffer und gehackter Petersilie vermengt wurde. Lauwarm serviert ist dieser Salat schmackhafter.

Russischer Salat

200 g feine Erbsen, 150 g grüne Bohnen, 2 Kartoffeln, 2 Karotten, 1 kl. Kohlrabi, 100 g in Essig eingelegtes Gemüse, 100 g Silberzwiebeln, 2 EL Kapern, entsteinte grüne Oliven, 2 Eier, 2 Tassen Mayonnaise, Olivenöl, Salz.

Das Gemüse putzen. Die Erbsen schälen, die Bohnen brechen und in 1 cm große Stücke schneiden. Den Kohlrabi, die Kartoffeln und die Karotten schälen und in Würfel schneiden. Das Gemüse getrennt in Salzwasser „al dente" kochen (nur die Kartoffeln werden kalt aufgesetzt). Das Gemüse zusammen mit den Essigkonserven (in gleichmäßige große Würfel geschnitten), den Silberzwiebeln und den Kapern in einer Schüssel vermengen und mit etwas Öl anmachen. Die Hälfte der Mayonnaise mit dem Gemüse vermischen und in einer Schüssel anrichten. Mit der restlichen Mayonnaise bedecken und eventuell mit hart gekochten Eiern und Oliven garnieren.

Paprika-Rouladen

2 Paprikaschoten (1 gelbe und 1 rote), 50 g frischer Caprino-Ziegenkäse, 50 g süßer Gorgonzola-Käse, glatte Petersilie, Paprikapulver.

Die Paprika waschen und über dem Feuer oder im Ofen anrösten. Abkühlen lassen und die Haut sowie die Kerne entfernen und in mittelgroße Streifen schneiden. In einer Terrine den Caprino-Käse mit dem Gorgonzola vermischen und das Ganze mit einer Prise Paprika und einem Esslöffel frischer gehackter Petersilie abschmecken. Das Gemisch auf den Paprikastreifen verteilen und die Streifen zu kleinen Rouladen zusammenrollen. Mit Zahnstochern feststecken und bis zum Servieren kalt stellen.

Mozzarella *in carrozza*

◂ *Kampanien* ▸

8 Scheiben altbackenes Brot, 1 großer Mozzarella, 2 Eier, in Öl eingelegte Sardellen (nach Wunsch), Weißmehl, Milch, Olivenöl extra vergine, Salz, Pfeffer.

Den Mozzarella in recht dicke Scheiben schneiden und jeweils zwischen zwei Brotscheiben legen; schmackhafter wird es durch die Zugabe eines entgräteten, vom Salz befreiten Sardellenfilets. Alles gut zusammendrücken, in Mehl und dann im Ei wenden, das mit ein wenig Milch, Salz und Pfeffer vermengt wurde. Wenn das Brot vollgesogen ist, von beiden Seiten in heißem Öl anbra-

ten. Die Mozzarella in Carrozza herausnehmen, abtropfen lassen und auf Küchenpapier legen; heiß servieren.

Nerven-Salat

◂ *Lombardei* ▸

600 g Kalbskopf, 2 Zwiebeln, 1 Knoblauchzehe, 2 EL gehackte glatte Petersilie, 1 TL gehackter Thymian, 3 EL Essig, 1 dl Olivenöl extra vergine, rotes Chilipulver, Salz.

Einen großen Topf mit reichlich Wasser füllen, den Thymian hinzugeben und auf den Herd setzen. Wenn das Wasser anfängt zu kochen, Salz hinzufügen und den Kalbskopf hineingeben. Ca. 2 Stunden kochen lassen. Wenn das Fleisch gar ist, abgießen und abkühlen lassen. In der Zwischenzeit die Zwiebeln und den Knoblauch schälen und fein hacken, dann in einer Schüssel eine Sauce aus Olivenöl, Essig, Salz und einer Prise Chilipulver zubereiten. Den Kalbskopf in Stücke schneiden, in die Sauce geben und gut umrühren. Jetzt auch die gehackte Zwiebel und den Knoblauch hinzufügen. Mit gehackter Petersilie bestreuen und auftragen.
Dieses Gericht eignet sich besonders gut als Vorspeise und kann sowohl warm als auch kalt serviert werden. Im Sommer ist es auch als Hauptgericht zu empfehlen. Der Kalbskopf darf nicht im Kühlschrank aufbewahrt werden, weil er dort hart wird.

Olive all'ascolana

◂ *Marken* ▸

1 gutes kg grüne Oliven aus Ascoli, 150 g Kalbfleisch, 150 g gehacktes Schweinefleisch, 100 g roher Schinken, 100 g geriebener Schafs- und Parmesankäse, 2 Esslöffel Tomatenmus, 4 Eier, Muskatnuss, Semmelbrösel, Weißmehl, Weißwein, Olivenöl extra vergine, Salz, Pfeffer.

In einem Topf mit etwas Öl das Fleisch anbraten; salzen, pfeffern und mit etwas Wein ablöschen; sobald der Wein verdunstet ist, einen Deckel auf den Topf geben und fertig schmoren. In einer Schüssel das gegarte Fleisch mit dem gehackten Schinken, dem Käse, ein wenig Semmelbröseln, einer Prise Muskatnuss, dem Tomatenmus und den 2 Eiern vermengen. Sorgfältig kneten, so dass ein weicher, aber dennoch fester Teig entsteht. Die Oliven mit dem entsprechenden Gerät entsteinen und mit der Masse füllen. Die gefüllten Oliven in Mehl, dem restlichen geschlagenen Ei und anschließend in den Semmelbröseln wenden. In kochendem Öl ausbacken und heiß servieren.

Gewürzte Oliven

◂ *Apulien* ▸

Große schwarze Oliven, frischer und getrockneter Chili, Knoblauch, Petersilie, Olivenöl extra vergine.

Die Oliven abtropfen lassen und leicht einritzen, mit Öl, frisch

gehacktem und getrocknet zerriebenem Chili sowie geschnittenem oder gepresstem Knoblauch marinieren. In einem zugedeckten Behälter 24 Stunden durchziehen lassen und ab und zu schwenken. Nach dieser Ruheperiode können die Oliven sofort (oder innerhalb weniger Tage) mit gehackter Petersilie bestreut serviert werden.

In Öl gebackene Oliven

◂ *Sizilien* ▸

40 große schwarze Oliven, 2 Knoblauchzehen, Oregano, 1 Gläschen Essig, Olivenöl extra vergine.

Die zerdrückten Knoblauchzehen in eine Pfanne mit heißem Öl geben und wenige Minuten anbraten. Die Oliven und das Gläschen Essig zugeben, einkochen lassen und mit Oregano würzen. Sehr heiß servieren.

Panzerotti mit Tomatensauce

◂ *Apulien* ▸

Für den Teig: 400 g Weißmehl, 25 g frische Bierhefe, 50 g Olivenöl extra vergine, Salz.
Für die Füllung: 250 g Mozzarella, 400 g kleine, reife Tomaten, Oregano, Olivenöl extra vergine, Salz, Cayennepfeffer.

Das Mehl auf eine Arbeitsfläche häufen und eine Vertiefung hineindrücken. Hier die Hefe hineinbröseln, mit einem Esslöffel lauwarmem Wasser auflösen, Salz, Öl und genügend Wasser zugeben, um einen leicht knetbaren Teig zu erhalten. Den Teig energisch durcharbeiten, bis er weich und elastisch wird, zu einer Kugel formen, mit Mehl bestreuen, in ein feuchtes Küchentuch wickeln und an einem warmen Platz, vor Zugluft geschützt ca. zweieinhalb Stunden ziehen lassen.
In der Zwischenzeit die Füllung zubereiten: die Tomatenhaut und die -kerne entfernen (kurz mit heißem Wasser überbrühen), kleinschneiden, in etwas Olivenöl anbraten und einkochen lassen; mit Oregano, Cayennepfeffer und Salz würzen und vom Herd stellen. Den Teig einige Minuten durchkneten, in 8-10 Stücke aufteilen und jedes zu einer dünnen Scheibe ausrollen. Auf die Mitte jeder Scheibe den geschnittenen Mozzarella und etwas Tomatensauce geben, eventuell nochmals mit ein wenig Cayennepfeffer und Oregano abschmecken und die Panzerotti halbmondförmig zuklappen; die Teigränder befeuchten und gut andrücken. Die Panzerotti in heißem Öl ausbacken und immer wieder drehen, so daß sie gleichmäßig bräunen; abtropfen und auf einem Küchenpapier trocknen lassen. Sehr heiß servieren.

Salbei im Teigmantel

◆

200 g Salbei, 100 g Mehl, 2 Eier, 1/2 Zitrone, Olivenöl, Salz.

Die großen Salbeiblätter putzen, waschen und abtrocknen. In einer Terrine das Mehl, den Saft einer halben Zitrone, etwas Wasser und den Eischnee vermengen. Die Salbeiblätter in den Teig tauchen und im heißen Öl frittieren. Möglichst lauwarm servieren. Als Variante können Sie die Eier auch durch einige Esslöffel Milch ersetzen.

Sardinen in *Saór*

◂ Venetien ▸

700 g frische Sardinen, 700 g Zwiebeln, 1 Zitrone, 1 Hand voll Rosinen, 4 Lorbeerblätter, 3 Gewürznelken, Weißmehl, 2 Gläser Essig, Olivenöl, Salz, Pfeffer.

Die Rosinen in lauwarmem Wasser einweichen. Die Sardinen säubern, den Kopf abschneiden und entgräten; waschen und auf einem Küchentuch trocknen lassen. In Mehl wälzen, in kochend heißem Öl braten und auf Küchenpapier abtropfen lassen. In dem verbliebenen Öl die in dünne Scheiben geschnittene Zwiebeln rösten, die beiden Gläser Essig und die geriebene Zitronenschale zugeben. Nach wenigen Minuten vom Herd nehmen.

Eine Schicht des gebratenen Fisches in Glasbehälter füllen, salzen, pfeffern und mit einer Schicht Zwiebeln, Gewürznelken, Lorbeer und Rosinen bedecken; abwechselnd auf diese Weise bis zum Verbrauch aller Zutaten fortfahren und mit den Zwiebeln enden. Den Behälter verschließen und vor dem Verzehr einige Tage im Kühlschrank aufbewahren. Außer den Rosinen können auch Pinienkerne oder Apfelstückchen verwendet werden. Der Saór oder "Geschmack" – eine der schmackhaftesten und typischsten Konservierungsmethoden Venetiens – eignet sich für alle Fischarten, von den kleinsten Fischen, die in Öl gebacken werden, bis hin zur Seezunge.

Mozzarella-Happen

◂ Apulien ▸

100 g Mozzarella-Würfel, grüne Oliven, Oregano, Olivenöl extra vergine.

Den Mozzarella-Käse (möglichst aus Büffelmilch) halbieren oder in Viertel schneiden. Mit Olivenöl bestreichen und mit frischem Oregano bestreuen. Die Oliven entsteinen und jeweils einen Mozzarella-Happen und eine Olive auf Zahnstocher aufstechen. Als Variante kann das Oregano durch süßes Paprikapulver oder durch feingehacktes Basilikum ersetzt werden.

Osterkuchen

◂ Ligurien ▸

Für den Teig: 600 g Mehl, 2 Esslöffel Olivenöl extra vergine, Salz.
Für die Füllung: 8 Artischocken, 200 g Kräuter, 400 g Ricotta (oder Quark), 100 g Butter, 10 Eier, 50 g geriebener Parmesankäse, 1 Knoblauchzehe, Petersilie, 1 Zitrone, 2 Esslöffel Mehl, Salz.

Die äußeren, harten Blätter, den Strunk und die Spitzen der Artischocken abschneiden, der Länge nach in dünne Streifen schneiden und in Wasser mit Zitronensaft legen. Das Mehl auf eine Arbeitsplatte sieben, eine Vertiefung in die Mitte drücken und das Öl, 1/2 l lauwarmes Wasser und Salz hineingeben. Die Zutaten 15 Minuten durcharbeiten, bis ein recht weicher Teig entsteht. Mit einem trockenen Küchentuch abdecken, darüber ein feuchtes Tuch legen und ruhen lassen. Die Kräuter waschen und in wenig Salzwasser kochen, abgießen, gut ausdrücken und klein schneiden. In einem Topf eine Knoblauchzehe mit 50 g Butter anbraten, die gut abgetropften Artischocken zugeben und zugedeckt langsam schmoren lassen. Am Ende der Garzeit etwas gehackte Petersilie zugeben. Die Artischocken aus dem Topf nehmen

und die Kräuter in der verbliebenen Sauce anbraten. Die Ricotta, den geriebenen Parmesankäse, 3 Eier, Mehl, Salz und Pfeffer in eine Schüssel geben und gut verrühren. Die Knoblauchzehe aus den Kräutern entfernen und letztere zusammen mit den Artischocken der Masse hinzufügen, wenn sie abgekühlt sind. Den Teig in zehn Stücke teilen, dabei die nicht verwendeten Stücke zugedeckt lassen, damit sie nicht austrocknen. Die ersten vier Teigstücke (jeweils eins) mit dem Nudelholz bearbeiten und sehr dünn ausrollen.

Die verschiedenen ausgerollten Teigstücke übereinander in eine Kuchenform legen, wobei die ersten drei mit Öl bepinselt werden; am Formboden und -rand andrücken und ca. 1 cm über den Rand stehen lassen. Die zubereitete Füllung in die Mitte geben. Mit einem Löffelrücken sieben Vertiefungen eindrücken und jeweils ein Ei, einen Teelöffel ausgelassene Butter, einen Teelöffel Parmesankäse, Salz und Pfeffer einfüllen. Die verbliebenen Teigstücke nehmen, ausrollen, wie oben beschrieben den Kuchen bedecken und wieder jede Schicht mit Öl bepinseln. Die überstehenden Teigreste abschneiden und ein Band formen, das auf den Rand gelegt wird.

Die letzte Teigschicht mit Öl bepinseln und mit einer Gabel den Teig einstechen, ohne die Eier zu beschädigen. Den Kuchen bei mäßiger Temperatur ca. eine Stunde im Backofen backen, bis die Oberfläche gebräunt ist. Heiß servieren.

Toskanischer Kalmar-Salat

◂ *Toskana* ▸

500 g frische Kalmare, 1 Bund Radieschen, 2 Karotten, 3 Stangen weißer Sellerie, 1 Stange grüner Sellerie, 1/2 Fenchelknolle, 1/2 Zwiebel, 1 Porree, 1 Lorbeerblatt, Olivenöl extra vergine, Salz, Pfefferkörner.

Die Pfeilkalmare putzen und in leicht gesalzenem Wasser, das mit dem grünen Sellerie, der Zwiebel und dem Lorbeerblatt parfümiert wurde, kochen lassen. Wenn sie gar sind, die Flüssigkeit abgießen und in Streifen schneiden. In einer Terrine anrichten. Das restliche Gemüse putzen, abwaschen und den weißen Sellerie, die Fenchelknolle, die Karotten und den weißen Teil des Porree in Stücke schneiden. Die Radieschen ganz lassen. Das Gemüse vorsichtig unter die Pfeilkalmare mischen und mit Salz, frisch gemahlenem Pfeffer und reichlich Olivenöl extra vergine würzen.

Vol-au-Vent mit Krabben

◆

12 Vol-au-Vent, 300 g geschälte Krabben, 100 g Champignonköpfe, 1 kl. Porree, glatte Petersilie, 2 dl Milch, 2 EL Mehl, 25 g Butter, Salz, Pfeffer.

Den fein geschnittenen Porree 5 Minuten in Butter andünsten. Das Mehl unterrühren und die Milch unterheben. Nochmals einige Minuten kochen lassen, Salz und Pfeffer hinzufügen. Die geschnittenen Pilze und die geschälten Krabben dazugeben (einige ganze Krabben zum Garnieren beiseite stellen) und unter ständigem Umrühren weitere 4-5 Minuten kochen lassen. Die Vol-au-Vent mit dem Gemisch füllen und einige Minuten bei 200°C im Backofen backen. Mit den ganzen Krabben und etwas gehackter Petersilie garnieren und servieren.

Pilzpasteten

◂ *Aostatal-Piemont* ▸

4 Pasteten, 10 Champignons, 50 g Taleggio-Käse, 20 g Butter, Paprika, Salz, Pfeffer.

◆ Die in Scheiben geschnittenen Pilze in der Butter ca. 10 Minuten schmoren und mit Salz und Pfeffer würzen.

◆ In einer Schüssel den Käse mit frisch gemahlenem Pfeffer, Salz, einer Prise Paprika und dem Kochwasser der Pilze verrühren.

◆ Die Pasteten mit der Käsecreme füllen, mit den Pilzen garnieren und im vorgeheizten Ofen erwärmen.

San Lorenzo

Hier nun ein Kapitel, das all denen gewidmet ist, die den Duft von warmem Brot oder den Anblick einer bunt belegten Pizza oder den Geschmack reicher Quiches lieben…
Auf den nächsten Seiten finden Sie die Grundrezepte für diese Köstlichkeiten. Entdecken Sie selbst, wie aus einem einzigen Grundrezept unendlich viele verschiedene Varianten entstehen können – lassen Sie Ihrer Fantasie freien Lauf!

Der rustikale Geschmack der "Focacce" (typisches Fladenbrot), der Pizza und der Quiches passt besonders gut zum lebhaften Charakter des Barbera del Monferrato Vivace d.o.c.

San Lorenzo

Die Vornehmheit zu Tisch

Brot, Focacce, Pizza, Quiches

Alle Rezepte der italienischen Tradition

Fladen aus Kichererbsenmehl

◂ *Ligurien* ▸

350 g Kichererbsenmehl, Rosmarin, Olivenöl extra vergine, Salz.

Das Kichererbsenmehl in einer Terrine mit einem Liter Wasser vermischen und eine Nacht ruhen lassen. Am nächsten Tag den Schaum entfernen, der sich an der Oberfläche gebildet hat, und den Teig mit einem halben Glas Öl und etwas Salz vermengen. In eine gefettete Form geben und bei mittlerer Hitze goldbraun backen. Mit Rosmarin bestreuen und heiß servieren.

Focaccia mit Öl

◂ *Ligurien* ▸

500 g Mehl, 30 g Bierhefe, 1 dl Olivenöl extra vergine, Salz.

Die Hefe in einer Tasse mit lauwarmem Wasser auflösen, zum Mehl geben und alles gut durcharbeiten, bis ein weicher Teig entsteht. Den Teig mit einem Küchentuch abdecken und an einem lauwarmen Platz ca. 2 Stunden ruhen lassen. Nachdem der Teig aufgegangen ist, wird er auf einem (zuvor mit Öl gefetteten und mit Salz bestreuten) Blech 2 cm dick ausgebreitet. In die Oberfläche der Focaccia mit den Fingern Dellen eindrücken, Salz und Öl darauf verteilen und ca. 20 Minuten im heißen Ofen backen. Heiß servieren (schmeckt aber auch kalt sehr gut).

Unter den zahlreichen Varianten möchten wir eine extrem einfache empfehlen: bevor die Focaccia in den Ofen kommt, Rosmarin auf die Oberfläche streuen.

Ligurisches Pizzabrot mit Käse

◂ *Liguria* ▸

Focaccia-Teig (350 g Mehl, 15 g frische Bierhefe, 1 EL Olivenöl extra vergine, Salz), 400 g Weichkäse (z. B. Fontina), Olivenöl extra vergine.

Zuerst die Hefe in wenig warmem Wasser zerdrücken. Das Mehl auf die Arbeitsfläche streuen und die Hefe zusammen mit dem Öl und dem Salz hinzugeben. Gut durchkneten, ab und zu etwas lauwarmes Wasser dazugeben, bis der Teig schön weich und elastischist. Zu einer Kugel rollen und an einem warmen Ort, vor Zugluft geschützt und mit einem feuchten Tucht, bedeck einige Stunden gehen lassen. Wenn

sich die Kugel verdoppelt hat, erneut durchkneten und auf der Arbeitsplatte zu zwei ziemlich dicken Scheiben ausrollen. Eine flache Backform einfetten und die erste Teigscheibe hineinlegen. Mit dem in dünne Scheiben geschnittenen Käse bedecken. Mit der zweiten Teigscheibe abdecken und leicht andrücken. Mit Olivenöl beträufeln und die Oberfläche mit einer Gabel einstechen. Bei ca. 250°C etwa 20 Minuten backen.

Brot mit Walnüssen

300 g Mehl, 400 g Walnusskerne, 300 g Honig, 4 Eier, 1 Zitrone, 600 g Milch, 25 g frische oder getrocknete Bierhefe, Olivenöl, Salz.

Alle Zutaten miteinander vermischen und zu einem geschmeidigen Teig verarbeiten. Die Masse in mehrere kleine Brötchen aufteilen und auf dem leicht gefetteten und eingemehlten Backblech verteilen. An einem geschützten Ort eine halbe Stunde zum Gären ruhen lassen. Die Brötchen im heißen Ofen (bei 200°C.) ca. 40 Minuten backen.

Carasau-Brot oder *Carta musica*

◂ *Sardinien* ▸

1 kg Hartweizenmehl, 10 g Bierhefe, 1 Esslöffel grobes Salz.

Die Hefe in wenig lauwarmem Wasser und das Salz in knapp 5 dl lauwarmem Wasser auflösen. Die Hefe zum Mehl geben und alles mit dem Salzwasser verarbeiten, bis ein weicher, feuchter, aber gut vermengter Teig entsteht. Aus dem Teig Kugeln von ca. 8 cm Durchmesser formen und an einem trockenen Platz ca. 4 Stunden aufgehen lassen. Die Teigkugeln mit dem Nudelholz in 2-3 mm dicke und 40 cm große Scheiben ausrollen, dabei ständig mit Mehl bestäuben, damit sie nicht festkleben. Die Fladen im heißen Ofen backen, und wenn sie beginnen aufzugehen, die oberste Schicht von der unteren lösen. In diesem Zustand wird das Brot in Sardinien als Lentu bezeichnet und ist weich. Bevorzugt man es knusprig wie den typischen Carasau, wird es erneut in den Ofen gegeben, bis es trocken ist.

Brot aus Apulien

◂ *Apulien* ▸

2 kg Mehl, 40 g Bier- oder Trockenhefe, 10 g Malz, 40 g Salz.

Die Hefe in wenig lauwarmem Wasser auflösen und alle Zutaten mit 1,5 l Wasser vermengen; ca. 20 Minuten gut durchkneten, bis ein weicher, gleichmäßiger Teig entsteht, den man zugedeckt ca. 2 Stunden ruhen lässt. Den Teig nochmals vorsichtig durchkneten, in große Brotlaibe unterteilen und erneut mit der Unterseite nach oben gekehrt ruhen lassen. Nach einer halben Stunde die Brotformen zusammendrücken, umdrehen und nochmals eine halbe Stunde gehen lassen. Mit einer Messerspitze die Brotoberfläche kreisförmig einritzen und im heißen Ofen (220°C) ca. 40 Minuten backen.

Toskanisches Brot

◂ *Toskana* ▸

1,4 kg Weichweizenmehl, 60 g Naturhefe.

Das typische toskanische Brot ist ungesalzen, ein Brauch, der auch in Umbrien und dem oberen Latium besteht und der mit den von den antiken Etruskern besetzten Gebieten in Verbindung steht. Das Mehl mit der Hefe und ausreichend lauwarmem Wasser durcharbeiten, so dass ein Teig der richtigen Konsistenz entsteht. Den Teig längere Zeit durchkneten und mehrere Stunden gehen lassen.
Nach dem Aufgehen verschiedene Brotstangen oder -laibe formen, die nach dem Backen ein Gewicht von 500 g bis 1 kg haben. Die Oberfläche kreuzförmig quer einschneiden und bei mäßiger Temperatur (ca. 210-220°C) backen.
Nach dem Backen muss das Brot eine löchrige Krume und eine knusprige Kruste aufweisen. Zum Verzehr wird es in Scheiben geschnitten, und es eignet sich bestens zur Zubereitung von Bruschetta, gerösteten Brotschnitten und Fettunta.

Piadina romagnola

◂ *Emilia Romagna* ▸

500 g Mehl, 150 g Schmalz, 1 Teelöffel Salz.

Das Mehl mit dem Salz, Schmalz und genügend Wasser verarbeiten, so dass

ein recht fester Teig entsteht. Das Ganze ca. 10 Minuten durchkneten und in eigroße Stücke teilen, die in dünne Scheiben ausgerollt werden.
Die Fladen werden nach und nach bemehlt übereinander gelegt und mit einem Tuch abgedeckt. Eine Eisenpfanne erhitzen (ideal wäre eine feuerfeste Steinplatte), die Fladen mit einer Gabel einstechen und von beiden Seiten anbacken. Nach und nach die fertigen Fladen wieder übereinander stapeln und mit einem Tuch abdecken, damit sie nicht auskühlen.
Sie können mit rohem Schinken oder mit Käse verzehrt oder als Beilage serviert werden.

Pizza mit Meeresfrüchten

Für den Teig: 400 g Weizenmehl, 25 g frische Bierhefe, 50 g Olivenöl extra vergine, Salz.
Für den Belag: 300 g geschälte Krabben, 100 g Venusmuscheln, 100 g Miesmuscheln, 700 g geschälte Tomaten, 5 Knoblauchzehen, 1 Bund Petersilie, Olivenöl extra vergine, Salz.

Zuerst das Mehl auf eine Arbeitsplatte oder einen geeigneten Tisch rieseln lassen. In der Mitte die Bierhefe zerbröseln und mit einem Esslöffel lauwarmen Wasser auflösen. Salz und das Olivenöl hinzufügen, sowie soviel Wasser wie nötig ist, um einen geschmeidigen und glatten Teig zu erhalten. Den Teig solange kräftig kneten, bis er weich und elastisch ist. Dann eine Kugel formen, einmehlen und mit einem feuchten Geschirrtuch bedecken. An einem warmen Ort und vor Zugluft geschützt ca. 2 Stunden gehen lassen.
In der Zwischenzeit die verschiedenen Meeresfrüchte putzen. Die Miesmu-

scheln und die Venusmuscheln jeweils in zwei verschiedene Pfannen mit zwei in Lamellen geschnittenen Knoblauchzehen und etwas Olivenöl geben. Mit einem Holzlöffel umrühren, Deckel aufsetzen und solange dünsten, bis sich die Meeresfrüchte von allein öffnen. Die Meeresfrüchte aus ihrer Schale herausholen (ein paar Muscheln mit ihrer Schale zum Garnieren übrig lassen) und beiseite stellen. Die Krabben abbrühen. Die in Streifen geschnittenen Tintenfische ebenfalls garen. Die geschälten Tomaten passieren und mit gehacktem Knoblauch und Petersilie abschmecken. Den Pizzateig auf dem Backblech ausrollen oder in einer niedrigen mit Öl gefetteten Form verteilen. Mit den passierten Tomaten bedecken und an einem warmen Ort 20 Minuten ruhen lassen. Anschließend die Pizza 15 Minuten im Ofen backen und wieder herausholen. Mit den Meeresfrüchten belegen und mit Salz und der gehackten Petersilie bestreuen. Mit etwas Olivenöl beträufeln. Nochmals 10 Minuten bei ca. 250°C im Ofen backen. Die Pizza zum Schluss mit den übrig gelassenen Muscheln garnieren und auftragen.

PIZZA *MARGHERITA*

<u>Für den Teig</u>: *400 g Weizenmehl, 25 g frische Bierhefe, 50 g Olivenöl extra vergine, Salz.*
<u>Für den Belag</u>: *400 g geschälte Tomaten, 300 g frischer Mozzarella, Basilikum, Oregano, rotes Chilischotenpulver, Olivenöl extra vergine, Salz.*

Zuerst das Mehl auf eine Arbeitsplatte oder einen geeigneten Tisch rieseln lassen. In der Mitte die Bierhefe zerbröseln und mit einem Esslöffel lauwarmen Wasser auflösen. Salz, Olivenöl, sowie so viel Wasser hinzufügen, wie nötig ist, um einen geschmeidigen und glatten Teig zu erhalten. Den Teig solange kräftig kneten, bis er weich und elastisch ist. Dann eine Kugel formen, einmehlen und mit einem feuchten Geschirrtuch bedecken. An einem warmen Ort und vor Zugluft geschützt ca. 2 Stunden gehen lassen.
Den Teig etwa 0,5 cm dick ausrollen und in einer gefetteten Form oder auf dem Backblech verteilen. Die gut abgetropften und zuvor mit einer Gabel zerdrückten Tomaten auf dem Teig verteilen, leicht salzen und ca. 20 Minuten an einem warmen Ort ruhen lassen. 20 Minuten im Backofen backen. Aus dem Backofen herausholen und mit in Scheiben geschnittenem Mozzarella-Käse belegen. Das Öl mit dem Oregano und den Basilikumblättern vermischen und auf die Pizza träufeln. Vor dem Servieren noch einmal 10 Minuten in den Ofen stellen.

PIZZA *NAPOLETANA*

◂ *Kampanien* ▸

<u>Für den Teig</u>: *400 g Weizenmehl, 25 g frische Bierhefe, 50 g Olivenöl extra vergine, Salz.*
<u>Für den Belag</u>: *400 g geschälte Tomaten, 3 Knoblauchzehen, einige Basilikumblätter oder Oregano, Olivenöl extra vergine, Salz.*

Das Mehl auf eine Arbeitsfläche häufen und eine Vertiefung eindrücken. Die Hefe hineinbröseln und mit einem Esslöffel lauwarmen Wasser lösen. Salz, Öl und genügend Wasser zugeben, damit ein leicht zu arbeitender, glatter, recht weicher Teig entsteht. Den Teig energisch durchkneten, bis er weich und elastisch wird. Die Konsistenz muss

an ein Ohrläppchen erinnern. Den Teig zu einer Kugel formen, bemehlen, mit einem feuchten Küchentuch bedecken und an einem warmen, vor Luftzug geschützten Platz ca. 2,5 Stunden aufgehen lassen.
Danach die Arbeitsfläche erneut bemehlen, den Teig mit einem Nudelholz rechteckig oder rund ausrollen und mit den geschälten, zuvor mit einer Gabel zerdrückten Tomaten belegen.
Die Oberfläche leicht einstechen, salzen und ca. 20 Minuten gehen lassen.
Ca. 20 Minuten im vorgeheizten Ofen bei 200-250°C backen.
Aus dem Ofen nehmen, mit einer Prise Oregano oder zerkleinertem Basilikum und gehacktem Knoblauch würzen, mit Öl beträufeln und vor dem Servieren nochmals 5 Minuten in den Ofen schieben.

Zwiebelquiche

Für den gesalzenen Mürbeteig: 230 g Mehl, 120 g Butter, 1 Ei, Salz.
Für die Füllung: 500 g Zwiebeln, 3 Eier, rotes Chilischotenpulver, 1/4 l Milch, 70 g geriebener Parmesan, Olivenöl extra vergine, Salz.

Das Mehl auf die Arbeitsfläche sieben und eine Kuhle formen. Die Butterflocken, eine Prise Salz und ein Eigelb hineingeben. Mit den Fingern und einem halben Glas lauwarmen Wasser gut durchkneten und eine Kugel formen. Circa eine halbe Stunde an einem kühlen Ort, oder auch im Kühlschrank mit einem Geschirrtuch bedeckt ruhen lassen.
In der Zwischenzeit die Zwiebeln fein schneiden, mit etwas Öl in einen Topf

geben, Deckel aufsetzen und bei schwacher Hitze schmoren lassen (eventuell etwas warmes Wasser dazugeben). Wenn die Zwiebeln schön weich und gar sind, salzen und mit dem Chilipulver würzen und abkühlen lassen. Eine Form einfetten und mit dem ausgerollten Mürbeteig auskleiden. Die Zwiebelmischung darauf verteilen und die mit der Milch, dem geriebenen Parmesan und einer Prise Salz verquirlten Eier darüber gießen. Circa 30 Minuten im vorgeheizten Backofen bei circa 220°C. backen und servieren.

Sfinciuni

◂ Sizilien ▸

600 g aufgegangener Brotteig, 6 Scheiben frischer Caciocavallo-Käse, 4 Sardellenfilets, 6 Tomaten, 3 Zwiebeln, 1 Knoblauchzehe, 1 Basilikumblatt, 1 Esslöffel Semmelbrösel, Olivenöl extra vergine, Salz, Pfeffer.

Die Knoblauchzehe im Öl bräunen, die geschälten, klein geschnittenen Tomaten, das Basilikumblättchen und die Sardellenfilets, die leicht zerdrückt werden, bis sie sich auflösen, hinzufügen. Salzen, pfeffern und zum Schluss die Semmelbrösel einarbeiten.

Den Teig auf einem geölten Blech ausbreiten, die in Scheiben geschnittenen Zwiebeln, die Caciocavallo-Scheiben und die Tomatensauce darauf verteilen und 15 Minuten in den heißen Ofen schieben.

Spinatstrudel

Für den Blätterteig: 200 g Mehl, 200 g Butter, 1 Ei, Salz.
Für die Füllung: 700 g Spinat, 50 g Rosinen, 50 g Pinienkerne, 2 Eier, rotes Chilischotenpulver, 100 g geriebener Parmesan, Olivenöl extra vergine, Salz.

Verwenden Sie für die Zubereitung des Blätterteigs unbedingt kalte Küchenutensilien und eiskaltes Wasser. Das Mehl mit einer Prise Salz und einer Tasse mit eiskaltem Wasser zu einem festen Teig verkneten. Den Teig mit einem Geschirrtuch abdecken und an einem dunklen und kalten Ort ruhen lassen. Die Hände mit Wasser anfeuchten und die Butter solange kneten, bis Sie die gleiche Festigkeit wie der Teig erreicht hat und der Butter dann eine rechteckige Form geben. Den Teig auf einer gut gemehlten Arbeitsfläche ausrollen und die Butter in die Mitte geben; den Teig über der Butter zu einem Paket zusammenfalten und sehr vorsichtig mit einem Nudelholz drücken, damit die Butter mit dem Teig verschmelzen kann. Jetzt mit der Zubereitung des Blätterteigs beginnen, die die berühmten „Touren" beinhaltet, die nötig sind, damit der Blätterteig schön knusprig und locker wird. Das Nudelholz und die Arbeitsplatte müssen dazu stets gut eingemehlt werden. Den Teig zu einem 1 cm dicken Rechteck ausrollen. Dreimal umschlagen, so dass ein Quadrat entsteht, erneut ausrollen und beim

Rollen die Richtung wechseln. Erneut dreimal umschlagen und 15 Minuten im Kühlschrank ruhen lassen. Die gleiche Prozedur und die gleiche Ruhezeit zwei weitere Male wiederholen (6 „Touren" müssen insgesamt gemacht werden). Anschließend ist der Blätterteig fertig.
Den Spinat sorgfältig putzen und waschen. In wenig Salzwasser garen oder dämpfen. Dann das Wasser ausdrücken und in einem Topf mit wenig Öl bei mäßiger Hitze solange erhitzen, bis das Wasser verdampft ist. Falls Sie sich das Kochen sparen wollen, können Sie den Spinat auch direkt in einem Topf mit etwas Öl schmoren lassen. Den Spinat abkühlen lassen und in eine Terrine geben. Den geriebenen Parmesan, die Pinienkerne, die zerquirlten Eier, eine Prise Chilipulver, sowie die gewaschenen und in etwas lauwarmem Wasser aufgequollenen Rosinen hinzufügen. Alle Zutaten vermengen und ruhen lassen, damit der Geschmack gut durchziehen kann. Den Blätterteig auf der Arbeitsfläche ausrollen und die Spinatmasse darauf verteilen, die Ränder frei lassen. Den Teig zu einer Rolle formen und die beiden Seitenränder gut aneinander drücken. Auf das Backblech oder in eine gefettete Form legen und im vorgeheizten Backofen ca. 40 Minuten backen.

Tarallucci

◂ Kalabrien ▸

300 g Mehl, 2 Eier, 2 Esslöffel trockener Weißwein, 2 Esslöffel Olivenöl extra vergine, Salz, Cayennepfeffer.

Das Mehl mit den Eiern, dem Öl, Weißwein, einer Prise Cayennepfeffer und einer Prise Salz verarbeiten.

Den Teig in ca. 10 cm lange Röllchen teilen, deren beiden Enden zum Ring geschlossen werden. In einem Topf genügend Salzwasser zum Kochen bringen und die Tarallucci hineingeben. Sobald sie an die Oberfläche aufsteigen, mit einem Schaumlöffel herausnehmen und auf ein geöltes Backblech legen. Im heißen Ofen (180°C) 20 Minuten backen.
Das Gebäck kann statt mit Cayennepfeffer mit Fenchelsamen gewürzt werden; oder man kann dem Teig einen Esslöffel Olivenpaste und einige, zerkleinerte Oliven zufügen.

Grießtorte

◆

250 g Grieß, 2 Eier, 1 l Milch (oder 1/2 l Milch und 1/2 l Gemüsebrühe oder Wasser), 150 g geriebener Parmesan, Olivenöl extravergine, Salz.

Die Milch zum Kochen bringen (bzw. das Milch, Wasser- oder Gemüsebrühegemisch) und den Grieß unter ständigem Rühren einrieseln lassen, damit keine Klumpen entstehen. Salzen und nicht viel länger als 5 Minuten kochen lassen. Vom Feuer nehmen und den geriebenen Parmesan unterheben. Einige Esslöffel Parmesan aufheben. Abkühlen lassen und die Eier hinzufügen. Das Gemisch in eine gefettete Form geben, mit dem restlichen Parmesan bestreuen und im vorgeheizten Backofen bei 220°C ca. 20 Minuten backen. Die Hitze herabsetzen und noch weitere 10 Minuten backen.

San Lorenzo

Einen der typischsten Aspekte der italienischen Küche stellen sicher die vielen verschiedenen Arten des Anmachens von Gemüse, Nudeln u.a. dar.

Jeder Koch weiß, dass oft eine gute Sauce den Unterschied macht und einem Gericht mehr Geschmack verleiht, einfache Zutaten hervorhebt oder zu stark dominierende Geschmacksnoten abrundet.
Neben den im Kapitel "ERSTE GÄNGE" beschriebenen Rezeptvorschlägen, tragen die auf den folgenden Seiten aufgeführten Tipps dazu bei, vielen Nudel-und Hauptgerichten ein unvergessliches Aroma zu verleihen.

Servieren Sie zu diesen Saucen und Dips frische Weine wie den Vermentino della Riviera Ligure di Ponente d.o.c. mit dem Etikett San Lorenzo.

San Lorenzo

Die Vornehmheit zu Tisch

Saucen

Alle Rezepte der italienischen Tradition

Knoblauchsauce

2 Eier, 4 Knoblauchzehen, 20 g Pinienkerne, Olivenöl extra vergine, Salz, Pfeffer.

Die Eier hart kochen und abkühlen lassen. Die Knoblauchzehen eine Viertelstunde in etwas Wasser kochen. Die hartgekochten Eier, die Knoblauchzehen, die Pinienkerne, zwei Esslöffel Olivenöl, eine Prise Salz und eine Prise Pfeffer in der Küchenmaschine zu einer glatten Sauce mixen.

Genueser Pesto-Sauce

◂ *Ligurien* ▸

30 Basilikumblätter, 1 Knoblauchzehe, 1-2 EL Pinienkerne, 1 EL geriebener Pecorino-Ziegenkäse, 1 EL geriebener Parmesan, Olivenöl extra vergine, Salz.

Die Basilikumblätter waschen, abtrocknen und in einem Steinmörser zusammen mit dem Knoblauch und den Pinienkernen verarbeiten (mit kreisenden Bewegungen gegen die Wand drücken, nicht stampfen). Später auch den geriebenen Käse sowie eine Prise Salz hinzugeben. Sobald die Masse schön gleichmäßig ist, mit reichlich Olivenöl verdünnen (den Stößel dazu als Löffel benutzen), bis die Masse cremig, aber nicht zu flüssig ist. Wer will kann die Pestosauce auch im Mixer zubereiten. Die Pestosauce schmeckt nicht nur zu Nudeln ausgezeichnet, sondern ist auch auf geröstetem Brot, Schnittchen oder Fleisch außerordentlich köstlich.

Grüne Sauce

1 große Hand voll glatte Petersilie, 1 Knoblauchzehe, 1 Ei, 3 in Salz eingelegte Sardellen, 2-3 Brötchen, Weißweinessig, 2 Gläser Olivenöl extra vergine, Pfefferkörner.

Die Brotbrösel in Essig einweichen. Das Salz von den Sardellen abwaschen. Die Gräten entfernen und zerstampfen. Dann mit dem hartgekochten Eigelb vermengen. Das entstandene Gemisch mit etwas Olivenöl emulgieren, dann die fein gehackte Petersilie und den Knoblauch, sowie die Brotbrösel hinzufügen, aus denen vorher der Essig herausgedrückt wurde. Mit einem Holzlöffel gut umrühren. Zum Schluss großzügig mit Pfeffer aus der Mühle bestreuen. Die Sauce muss eine halbflüssige Konsistenz haben, deshalb falls nötig noch etwas Olivenöl dazugeben. In Genua gibt man der Sauce auch noch feingehackte Kapern, Pinienkerne und grüne Oliven bei.

Peará-Sauce

◂ *Venetien* ▸

80 g Ochsenmark, 300 g Semmelbrösel, 3 dl Fleischbrühe, Salz, Pfefferkörner.

Diese typische Sauce aus Venetien erfordert zur Zubereitung einen Tontopf mit hohem Rand, Semmelbrösel aus Weißbrot ohne Milchzusatz und eine durchgesiebte, entfettete Brühe aus Fleischallerlei.

◆ Den Tontopf auf den Herd stellen und im Fall von Gasherden ein feuerfestes Drahtgitter unterlegen. Das Mark auslassen und die Semmelbrösel so einrühren, dass sie das Fett gut aufsaugen.

◆ Das Ganze mit heißer Fleischbrühe verrühren und gut umrühren, damit sich keine Klümpchen bilden. Auf niedriger Flamme ca. 2-3 Stunden köcheln lassen und ab und zu umrühren. Vor dem Abschalten mit Salz abschmecken und mit reichlich frisch gemahlenem Pfeffer würzen.

◆ Möchte man den Knochenmarkanteil reduzieren, können die Semmelbrösel zu Beginn mit geschmolzener Butter oder Öl verrührt werden. Außerdem kann man den Pfeffer durch frisch geriebenen Rettich ersetzen und kurz vor dem Abschalten geriebenen Parmesankäse dazugeben.

Traditionsgemäß wird diese Sauce zu gemischtem, gekochtem Fleisch gereicht: Jeder Gast gibt eine (meist reichliche) Portion auf das in Scheiben geschnittene Fleisch auf seinem Teller.

San Lorenzo

Spaghetti, Risotti, Ravioli, Tortellini, Lasagne, Gnocchi... das sind nur einige der zahlreichen, typisch italienischen Gerichte. Einige davon sind leicht zuzubereiten, andere wiederum erfordern etwas mehr Geduld, doch das Ergebnis ist in jedem Fall fantastisch. Hier finden Sie nur einen Teil der unendlich vielen italienischen Rezepte: eine Auswahl der berühmtesten Gerichte verschiedener Regionen. Wir überlassen Ihnen den Genuss, sie auf die Probe zu stellen!

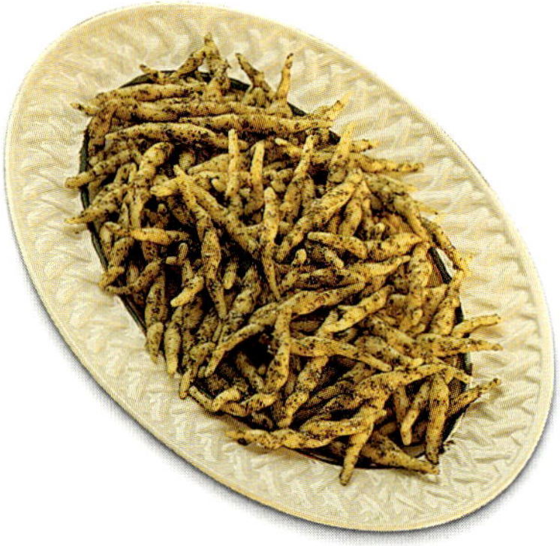

Die ideale Kombination "Wein-Erster Gang" ist von der Weise abhängig, in der das jeweilige Gericht angemacht ist. Demnach lassen sich klassische Spaghetti, die mit einer einfachen Tomatensauce und Basilikum oder einer Gemüsesauce angemacht sind, vorzüglich zu einem Gavi d.o.c.g. servieren, während die etwas deftigeren Ravioli mit Fleischfüllung oder Käsesaucen einen jungen Roten, wie den Dolcetto d´Alba d.o.c., vorziehen.

San Lorenzo

Die Vornehmheit zu Tisch

Erste Gänge

Alle Rezepte der italienischen Tradition

Acqua cotta

◂ *Toskana* ▸

2 Zwiebeln, 2 Tomaten, 1 Selleriestange, 1 Ei pro Person, Rosmarin, Olivenöl extra vergine, Salz, hausgemachtes Brot.

Diese Suppe, die auch in anderen Regionen bekannt ist, hat oftmals unterschiedliche Zutaten, weil die je nach Jahreszeit vorhandenen Gemüsearten verwendet werden.
In einem leicht eingeölten Tontopf die in Scheiben geschnittenen Zwiebeln, den Sellerie und die frischen Tomaten schmoren. Nach ca. 30 Minuten dem Gemüse heißes Wasser, Salz und etwas gehackten Rosmarin zufügen. Während die Suppe kocht (es genügen weitere 5 Minuten), die Eier schlagen und auf die zuvor getoasteten Brotscheiben verteilen, die bereits auf den verschiedenen Tellern liegen. Zum Schluß die kochend heiße Suppe über das Brot und das geschlagene Ei geben und servieren.

Agnolotti mit Trüffel

◂ *Aostatal-Piemont* ▸

Für den Teig: 400 g Mehl, 4 Eier, Salz.
Für die Füllung: 150 g mageres Schweinefleisch, 150 g roher Schinken, 100 g Kalbfleisch, 50 g Butter, 1/2 Trüffel, 1 Ei, trockener Weißwein, 1 Hand voll geriebener Parmesankäse, Salz, Pfeffer.
Für die Sauce: 1/2 Trüffel, geriebener Parmesankäse, Butter.

Die Butter, das durchgedrehte Kalb- und Schweinefleisch, den gehackten Schinken, die Hälfte des gesäuberten, mit einem Trüffelmesser in dünne Scheiben geschnittenen (weißen oder schwarzen) Trüffels, das Ei, den Parmesankäse, Salz und Pfeffer in einen kleinen Topf geben. Bei niedriger Temperatur garen, die Zutaten gut verrühren und, nur falls notwendig, mit etwas Weißwein begießen. Ist alles gar, aus den verschiedenen Zutaten den Teig zubereiten und durchkneten, bis er eine feste Konsistenz und eine glänzende Oberfläche erhält.
Die Arbeitsfläche bemehlen und mit Hilfe eines Wellholzes (bzw. einer Nudelmaschine) den Teig hauchdünn ausrollen. Auf die Hälfte davon wird die Füllung in kleinen Häufchen gesetzt. Den Teig zuklappen und mit dem Schneiderädchen in der gewünschten Form schneiden; die Ravioli eine halbe Stunde auf einem Küchentuch an der Luft trocknen lassen.
In der Zwischenzeit ausreichend Salzwasser aufsetzen, und sobald es zu kochen beginnt, die Agnolotti hineingeben. Mit einem Schaumlöffel herausnehmen, wenn sie nach und nach an die Oberfläche aufsteigen. Auf einem heißen Servierteller anrichten, den geriebenen Parmesankäse und die geschmolzene Butter darübergeben und den restlichen geriebenen halben Trüffel darauf verteilen.

Agnolotti nach Neapolitaner Art

◂ *Kampanien* ▸

Für den Teig: 400 g Mehl, 4 Eier, Salz.
Für die Füllung: 300 g Ricotta (oder Quark, 2 Eier, 1 großer Mozzarella, 1 Hand voll Basilikumblätter, Salz, Pfefferkörner.
Für die Fleischsauce: 300 g mageres Rindfleisch, 500 g Tomatenmus, 1 Zwiebel, einige Basilikumblätter, Rotwein, Olivenöl extra vergine, Salz, Pfeffer.

Die Zutaten miteinander vermengen und durchkneten, bis ein fester, glänzender Teig entsteht. In der Zwischenzeit die Füllung zubereiten. Hierfür in einer Schüssel die Ricotta, die Eier, das Basilikum, den zerkleinerten Mozzarella, Salz und frisch gemahlenen Pfeffer vermengen. Dann die Fleischsauce aufsetzen: Die gehackte Zwiebel in einem Tontopf mit einigen Esslöffeln Olivenöl rösten, das in Stücke geschnittene Fleisch zugeben und unter Rühren anbraten. Salzen und mit einem Schuss Wein begießen; nach wenigen Minuten das Tomatenmus hinzufügen. Bei niedriger Temperatur ca. 1 Stunde kochen und vor dem Abschalten mit zerkleinertem Basilikum und Pfeffer würzen.

Den Teig auf der bemehlten Arbeitsfläche ausrollen und in große Kreise schneiden. Auf jede Scheibe etwas von der Füllung geben, den Teig zuklappen und die Ränder fest andrücken. Die Agnolotti in reichlich Salzwasser kochen, abgießen, die Fleischsauce unterrühren und eventuell mit geriebenem Parmesankäse (oder Schafskäse) servieren.

Fischsuppe

◂ *Marken* ▸

1,2 kg gemischter Fisch (Glatthai, Kabeljau, Seeteufel, Heuschreckenkrebs, Meerbarben etc.), 500 g kleine Tintenfische, 1 Zwiebel, gehackte Petersilie, 1 Prise Safran, 1 gutes Glas trockener Weißwein,

1 Esslöffel Essig, 1 Glas Olivenöl extra vergine, Salz, Pfeffer, geröstete Brotstücke.

Den Fisch säubern und die größeren davon in gleich große Stücke zerlegen: Die Tintenfische von den Tintensäckchen, den Augen und dem Knochen befreien und in Streifen schneiden. Alle Fische in reichlich Salzwasser waschen und gut abtropfen lassen. Die Zwiebel im Öl dünsten, die Tintenfische und den in wenig heißem Wasser aufgelösten Safran zugeben. Sobald die Tintenfische gelb sind, salzen, pfeffern und so viel Wasser zugießen, dass sie bedeckt sind. Eine halbe Stunde leise köcheln lassen.
Einen großen Topf mit zwei Griffen nehmen (so dass der Fisch geschwenkt werden kann, ohne Kochlöffel oder Gabeln zu benutzen), auf den Boden eine Schicht Heuschreckenkrebse legen, falls sie verwendet werden, dann die bereits gekochten Tintenfische und die festeren Fischstücke, zum Schluss die empfindlicheren Fischstücke; mit dem heißen Tintenfischsud aufgießen. Danach die Fische beinahe vollständig zu gleichen Teilen mit Wein, Essig und heißem Wasser bedecken. Mit Salz und Pfeffer abschmecken, eine viertel Stunde bei kräftiger Temperatur kochen und dabei immer wieder den Topf schwenken. Die Suppe heiß mit dem gerösteten Brot servieren.

Bucatini all'amatriciana

◂ *Latium* ▸

400 g Bucatini-Nudeln, 200 g magerer Wangenspeck oder Bauchspeck vom Stück, 300 g reife, feste Tomaten, 1/2 Zwiebel, geriebener Schafskäse, Olivenöl extra vergine, Cayennepfeffer.

Den Wangenspeck würfeln und in einigen Löffeln Öl anbraten; sobald das Fett ausgelassen ist, herausnehmen und beiseite stellen. Im Kochfond die feingehackte Zwiebel anbräunen, die kleingeschnittenen, entkernten Tomaten zugeben (zum Häuten mit heißem Wasser überbrühen). Salzen und die Sauce zehn Minuten einkochen lassen, danach erneut den Wangenspeck mitkochen und mit Cayennepfeffer würzen. Die in reichlich Salzwasser gekochten, bissfesten Bucatini-Nudeln mit der Sauce vermengen und großzügig geriebenen Schafskäse darauf verteilen.
Ursprünglich sah das Rezept keine oder wenige Tomaten vor, weshalb man sie auch weglassen oder reduzieren kann.

Bucatini mit Lammsauce

◂ *Abruzzen-Molise* ▸

400 g Bucatini-Nudeln, 200 g Lammfleisch, 2 Knoblauchzehen, 1 Zweigchen Rosmarin, 2 Lorbeerblätter, 400 g Tomatenmus, Rotwein, geriebener Schafskäse, Olivenöl extra vergine, Salz, Pfeffer.

Das Lammfleisch in kleine Stücke schneiden und in reichlich Öl mit dem Knoblauch (aus dem Öl nehmen, wenn sie bräunen), Rosmarin und Lorbeer braten. Mit etwas Wein ablöschen und verdunsten lassen. Nun das Tomatenmus, Salz und Pfeffer zufügen und bei niedriger Temperatur fertig kochen.
In der Zwischenzeit die Bucatini-Nudeln in reichlich Salzwasser kochen, abgießen, mit der Sauce vermischen und geriebenen Schafskäse darüber verteilen.

Canederli

◂ *Trentino-Südtirol* ▸

400 g altbackene Brotkrume, 100 g geräucherter Bauchspeck, 50 g Salami, 1,5 l Brühe, 2 Eier, genügend Weißmehl, Milch, Petersilie, Olivenöl extra vergine, geriebener Grana-Käse, Salz.

Die Brotkrume in Würfel schneiden und mit Milch befeuchten, ohne dass sie zu nass wird; vorsichtig ausdrücken. In der Zwischenzeit in wenig Öl den gewürfelten Bauchspeck und die Salami anbraten, mit der Brotkrume, etwas Mehl, einer Hand voll gehackter Petersilie und den Eiern vermengen. Salzen und durcharbeiten, bis eine gleichmäßige, recht feste Masse entsteht, aus der mandarinengroße Klöße geformt werden. Die Brühe zum Kochen bringen, die Temperatur reduzieren, so dass die Brühe nur noch siedet, und die Knödel ca. 20 Minuten kochen, bis sie an die Oberfläche aufsteigen. Die Knödel in heißer Fischbrühe, trocken mit Tomatensauce oder zerlassener Butter mit geriebenem Grana-Käse servieren.

Gebackene Cannelloni

◆

12 Cannelloni-Nudeln, 500 g Spinat, 250 g Ricotta-Käse, 2 Eier, Muskatnuss, geriebener Parmesankäse, Butter, Salz, Pfeffer.

Den Spinat putzen, waschen und in wenig Salzwasser kochen. Abgießen, das Wasser gut ausdrücken und fein hacken. In einer Schüssel den Ricotta mit einer Gabel verrühren und mit dem Spinat, den beiden Eigelben und einigen Esslöffeln Parmesan vermengen. Mit Salz, Pfeffer und Muskatnuss würzen. Mit der Masse – sollte sie zu fest sein, auch das Eiweiß oder etwas Milch hinzufügen – die Cannelloni füllen. Béchamelsauce auf den Boden einer Form gießen und die Cannelloni darauf anordnen. Die restliche Béchamelsauce auf den Cannelloni verteilen. Parmesan und einige Flocken Butter darüber geben. Im vorgeheizten Backofen gratinieren. Aus dem Ofen holen und einige Minuten mit dem Servieren warten.

Cappelletti in der Brühe

◂ *Emilia Romagna* ▸

Für die Brühe: 500 g Rindfleisch, 500 g Kalbfleisch, 1/2 Huhn, 1 Zwiebel, 1 Möhre, 1 Selleriestange, 1 Tomate, Gewürznelken, 1 Lorbeerblatt, Salz, Pfefferkörner.

Für den Teig: 400 g Mehl, 4 Eier, Salz.

Für die Füllung: 100 g Hühnerbrust, 100 g Schweinslende, 100 g Kalbfleisch, 150 g roher Schinken, 1 Scheibe Mortadella, 100 g geriebener Parmesankäse, 2 Eier, Muskatnuss, Butter, Salz, Pfeffer.

Zuerst eine gute Brühe zubereiten: das Huhn putzen, die Federn absengen und zu dem anderen Fleisch in einen Topf mit 1,5 l kaltem Wasser und etwas Salz geben. Bei mäßiger Temperatur erhitzen. Fängt das Ganze an zu kochen, auch das Gemüse (1-2 Gewürznelken in die Zwiebel stecken), einige Pfefferkörner und das Lorbeerblatt hinzufügen. Ca. 1,5 Stunden leise köcheln lassen und regelmäßig den Schaum abschöpfen. Am Ende der Garzeit das Fleisch aus der Brühe nehmen und diese filtern, um sie vom Gemüse zu trennen. Die Brühe zum Entfetten abkühlen lassen und mit einem Holzschaber das Fett entfernen, das sich an der Oberfläche sammelt.

Für die Füllung das Fleisch in einem Topf mit wenig Butter anbraten und zusammen mit dem rohen Schinken und der Mortadella klein hacken. Alles mit den Eiern, dem geriebenen Parmesankäse, einer Prise Muskatnuss, Salz und Pfeffer vermengen. Zur Teigzubereitung die verschiedenen Zutaten vermischen und durchkneten, bis ein fester, glänzender Teig entsteht. Die Arbeitsfläche bemehlen und mit Hilfe eines Nudelholzes (bzw. einer Nudelmaschine) den Teig dünn ausrollen und in viele Quadrate schneiden. Auf jedes Quadrat etwas von der Füllung setzen. Zu einem Dreieck zusammenklappen, um einen Finger wickeln, die beiden Enden zusammendrücken und die Spitze nach außen biegen. Die Cappelletti in der Fleischbrühe kochen und mit geriebenem Parmesankäse servieren.

Crêpes mit Radicchio

Für die Crêpes: 100 g weißes Mehl, 2 dl Milch, 3 Eier, Salz und Pfeffer.
Für die Füllung: 600 g Radicchio di Treviso, 1 Zwiebel, Béchamelsauce, trockener Weißwein, geriebener Parmesan, Butter, Olivenöl, Salz, Pfefferkörner.

Das Mehl in eine Schüssel geben. Langsam die Milch dazugeben und dabei ständig mit einem Holzlöffel oder einem Schneebesen umrühren, damit sich keine Klumpen bilden. Eine Prise Salz und Pfeffer hinzufügen und gut durchquirlen. Den Teig ruhen lassen und in der Zwischenzeit die Crêpes-Platte (sollten Sie keine besitzen, benutzen Sie bitte eine beschichtete Bratpfanne von 15 cm Durchmesser mit etwas Butter) vorbereiten. Zwei

Esslöffel Teig in die Pfanne geben und die Crêpe mit einem Bratenheber wenden, um ihn auch von der anderen Seite zu backen. Die Zwiebel fein hacken, den Radicchio sorgfältig waschen und in dünne Streifen schneiden. Dann die Zwiebeln zusammen mit dem Radicchio und etwas Öl in einem Topf andünsten. Einen Schuss Weißwein auf das Gemüse geben, salzen und mit Pfeffer aus der Mühle würzen. Bei schwacher Hitze noch 10 Minuten weiter kochen. Die Hälfte der Béchamelsauce mit dem geschmorten Radicchio vermengen. Die Crêpes mit der Mischung füllen und viermal umschlagen. In eine gefettete Auflaufform geben. Sie müssen dabei leicht übereinander angeordnet werden. Die restliche Béchamelsauce über die Crêpes gießen, etwas Parmesan darüber streuen, einige Butterflocken hinzufügen und im vorgeheizten Ofen gratinieren.

Kartoffel-*Culingionis*

◂ *Sardinien* ▸

Für den Teig: 500 g Mehl, Schmalz, Solz.
Für die Füllung: 600 g Kartoffeln, 300 g kräftiger, geriebener Schafskäse, 2 Knoblauchzehen, Minze, Salz.
Für die Sauce: 300 g Tomatensauce, 100 g reifer, geriebener Schafskäse.

Das Mehl anhäufen und mit Schmalz und der erforderlichen Wassermenge einen weichen Teig zubereiten, der lange durchgeknetet und danach mit einem Tuch zugedeckt ruhen gelassen wird.
In der Zwischenzeit die Kartoffeln kochen, pellen und in einer Suppenschüssel zerdrücken; den geriebenen Schafskäse, einige Minzeblättchen und den gehackten Knoblauch zugeben, mit Salz würzen.
Den Teig dünn ausrollen und Kreise von 7 cm Durchmesser ausstechen. In die Mitte der Scheibchen etwas von der Kartoffelmasse häufen, den Teig zusammenklappen und die Ränder festdrücken. Die Culingionis in reichlich Salzwasser kochen, abgießen, in einer Ofenform anrichten und mit der warmen Tomatensauce und reifem, geriebenem Schafskäse vermengen. Vor dem Servieren 10 Minuten in den mäßig warmen Ofen stellen.

Fettuccine auf römische Art

◂ *Latium* ▸

400 g Fettuccine-Nudeln, 500 g reife und feste Tomaten, 300 g mageres Rindfleisch, 1 Zwiebel, 1 Karotte, 1 Stange Sellerie, rote Chilischoten, 1/2 Glas Rotwein, 1 EL Schmalz, Salz.

Die klein gehackte Zwiebel, die Karotte und den Sellerie im Schmalz anschmoren, dann das in Stücke geschnittene und mit Salz und Chili gewürzte Rindfleisch hinzugeben. Mit dem Wein ablöschen und verdunsten lassen. Dann die Tomaten hinzufügen, die zuvor in kochendes Wasser getaucht und enthäutet, von den Kernen befreit und in Stücke geschnitten wurden. Die Sauce zum Kochen bringen und mit Salz abschmecken. Die Fettuccine in Salzwasser „al dente" kochen, abgießen und vor dem Servieren mit der Sauce vermengen.

Fusilli-Nudeln mit Saubohnen

◂ *Basilikata* ▸

400 g Fusilli-Nudeln, 400 g frische Saubohnen, 400 g reife, feste Tomaten, 2 Knoblauchzehen, einige Basilikumblättchen, Olivenöl extra vergine, Salz, Cayennepfeffer

Die Saubohnen putzen und in einem Topf garen, in dem zuvor etwas gehackter Knoblauch in einigen Löffeln Öl angebraten wurde. Andünsten und die Tomaten dazugeben, die zuvor mit heißem Wasser überbrüht, gepellt, entkernt und kleingeschnitten wurden.
Mit Salz und einer Prise Cayennepfeffer würzen, weiterkochen und ab und zu etwas heißes Wasser eingießen. Vor dem Abschalten die zerkleinerten Basilikumblätter zufügen.
Die Nudeln in reichlich Salzwasser kochen, bissfest abgießen und mit der Saubohnen-Sauce sowie einem Schußss Öl vermengen.

Kartoffelklösschen nach Valdostaner Art

◂ *Aostatal-Piemont* ▸

200 g grobes Maismehl, 100 g feines Maismehl, 150 g Fontina-Käse, 2 Eier, 1 l Milch, Muskatnuss, geriebener Grana-Käse, Butter, Salz, Pfeffer.

Die Milch in einem Topf erhitzen; kurz bevor sie zu kochen beginnt, das Maismehl und eine Prise Salz einrühren und wie eine normale Polenta kochen.
Am Ende der Garzeit (nach ca. 40 Minuten) den gewürfelten Fontina-Käse, einen Esslöffel Butter und eine Prise Muskatnuss dazugeben und gut verrühren.
Den Maisbrei lauwarm abkühlen lassen, die beiden Eigelbe einarbeiten und die Masse 1 cm dick ausbreiten.
Wenn die Masse vollständig abgekühlt ist, mit einem Glas Scheiben von 4 oder 5 cm Durchmesser ausstechen und dachziegelartig in eine zuvor eingefettete, rechteckige Auflaufform geben.
Geriebenen Parmesankäse und Pfeffer darüberstreuen, zerlassene Butter aufträufeln, im vorgeheizten Ofen 10 Minuten überbacken und servieren.

Kartoffel-Gnocchi

◂ *Venetien* ▸

Für die Klößchen: 1 kg Kartoffeln, ca. 200 g Mehl, einige Salbeiblätter, Butter, Salz.
Für die Sauce: 800 g reife, feste Tomaten, 1 Bund Basilikum, 1/2 Teelöffel Zucker, Olivenöl extra vergine, Salz, Pfeffer.

Die Kartoffeln kochen, pellen, noch heiß durch die Kartoffelpresse drücken und auf eine Arbeitsfläche fallen lassen. Von Hand durcharbeiten, etwas Salz und soviel Mehl einarbeiten, dass eine Masse der richtigen Konsistenz entsteht (die Gnocchi werden weich, wenn man sie mit wenig Mehl und der passenden Kartoffelsorte zubereitet). Aus dem Teig fingerdicke Rollen formen, in kleine Stücke schneiden und sie mit dem Zeigefinger über die Rückseite einer Reibe drücken, damit sie die typi-

sche "Gnocchi-Form" annehmen. Für die Sauce die Tomaten waschen, mit heißem Wasser überbrühen, um sie einfacher zu häuten, den grünen Stangel entfernen und durch das Gemüsesieb drehen. Enthalten die Tomaten viel Flüssigkeit, empfiehlt es sich, sie vor dem Durchdrehen eine viertel Stunde abtropfen zu lassen. Den Tomatenbrei mit etwas Öl auf den Herd stellen, ca. 30 Minuten bei mäßiger Temperatur einkochen lassen und mit Salz und Zucker abschmecken. Kurz vor dem Abschalten Pfeffer und zerkleinertes Basilikum zugeben.
In einem anderen kleinen Topf ausreichend Butter mit einigen Salbeiblättern bräunen. In einem großen Topf reichlich Salzwasser zum Kochen bringen und die Gnocchi-Klößchen nach und nach in das Wasser geben. Sobald sie an die Oberfläche steigen, mit Hilfe eines Schaumlöffels herausholen, auf den Tellern verteilen und mit der Tomatensauce und etwas zerlassener Butter verrühren.
Außer mit der Tomatensauce können die Kartoffelklößchen mit einer Hackfleischsauce, Gorgonzola oder zerlassener Butter mit Zimt serviert werden.

Jota

◂ *Friaul-Julisch Venetien* ▸

500 g Sauerkraut, 200 g getrocknete Borlotti-Bohnen, 2 Kartoffeln, 2 Esslöffel Mehl, 300 g Bauchspeck, 2 Lorbeerblätter, 1 Prise Kümmel, 1/2 Glas Olivenöl extra vergine, Salz, Pfeffer.

Die Bohnen über Nacht in Wasser einweichen lassen und am nächsten Tag in frischem Wasser kochen. Nach ca. 1 Stunde die geschälten, grob zerkleinerten Kartoffeln hinzufügen. In der Zwischenzeit in einem anderen Topf das Mehl in Öl anrösten, ohne es anbrennen zu lassen. Sobald es gebräunt ist, das Sauerkraut, den gewürfelten Speck, die Kümmelsamen, Lorbeer, Salz und Pfeffer zugeben. Mit Wasser bedecken und solange kochen, bis die Flüssigkeit eingekocht ist. Das Sauerkraut nun in den Topf mit den Bohnen und Kartoffeln schütten und weitere 20 Minuten kochen; ab und zu umrühren und zum Schluss mit Salz abschmecken.
Vor dem Servieren die Jota etwas durchziehen lassen. Besser noch ist es, sie am Tag zuvor zuzubereiten.

Lasagne *al forno*

◂ *Emilia Romagna* ▸

Für den Teig: 400 g Mehl, 4 Eier, Salz.
Für die Béchamelsauce: 50 g Butter, 50 g Mehl, 1/2 l Milch, Muskatnuss, Salz, Pfeffer.
Für die Sauce: 150 g gehacktes Rindfleisch, 1 Scheibe gekochter Schinken zu 50 g, 50 g Bratwurst, 300 g Tomatenmus, 1/2 Zwiebel, 1/2 Möhre, 1/2 Selleriestange, 1 Knoblouchzehe, Lorbeer, Salbei, Basilikum, 1 Gewürznelke, Zimt, 1/2 Glas Rotwein, Olivenöl extra vergine, Salz, Pfeffer.
Zum Binden: 2 Mozzarellas, geriebener Parmesankäse, Butter, Salz.

Aus den verschiedenen Zutaten den Teig zubereiten und durchkneten, bis er eine feste Konsistenz und eine glänzende Oberfläche erhält. Die Arbeitsfläche bemehlen, mit Hilfe eines Nudelholzes (bzw. einer Nudelmaschine) den Teig hauchdünn ausrollen und in 8x16 cm große Rechtecke schneiden. Reichlich Salzwasser erhitzen und die Teigscheiben wenige Minuten kochen;

abgießen, den Kochprozess in einem Topf mit kaltem Wasser abstoppen und die Scheiben auf Küchentüchern trocknen.

Für die Zubereitung der Sauce Zwiebel, Möhre, Sellerie und Knoblauch putzen und zusammen mit dem Schinken klein hacken. In einem Topf die Wurst in etwas Öl anbraten, das gehackte Gemüse und den Schinken zugeben und unter Rühren dünsten lassen. Bevor sie bräunen, das Hackfleisch unterrühren und gleichmäßig anbraten, mit Wein ablöschen, verdampfen lassen, die Tomaten, Lorbeer, Gewürze und Salz hinzufügen. Die Flamme herunterdrehen und im offenen Topf ca. 1 Stunde leise köcheln lassen: die Sauce muss recht flüssig sein, da sie die verschiedenen Auflaufschichten "befeuchten" soll. In der Zwischenzeit die Béchamelsauce zubereiten: in einem Topf bei geringer Temperatur die Butter zerlassen und mit Hilfe eines Holzlöffels gut das Mehl unterrühren. Nun alles mit zuvor erwärmter, aber nicht kochender Milch verdünnen (den Holzlöffel evtl. durch einen Schneebesen ersetzen). Die Milch nach und nach unter ständigem Rühren eingießen, damit sich keine Klümpchen bilden. Weiterrühren, bis die Sauce beginnt einzudicken, und sobald die ersten Kochblasen aufsteigen, noch weitere 10 Minuten unter Rühren kochen lassen. Kurz vor dem Abschalten mit Salz, Pfeffer und einer Prise Muskatnuß abschmecken. Um eine dickere Sauce zu erhalten, sind mehr Butter und Mehl (jedoch immer in gleichen Mengenverhältnissen) und gleich viel Milch zu verwenden, oder die Sauce kann durch längeres Kochen eingedickt werden. In eine rechteckige, ölgefettete Form etwas Sauce und Béchamelsauce geben und mit einem Holzlöffel vermengen. Eine erste Schicht Lasagne-Nudeln darauf verteilen und mit gewürfeltem Mozzarella und Parmesankäse bestreuen. Es folgt eine weitere Nudelschicht, auf die Tomatensauce und Béchamel gegeben werden. Die Schichten so fortsetzen, bis alle Zutaten verbraucht sind. Die letzte Schicht besteht aus Sauce und Béchamel.

Parmesankäse darüberstreuen, Butterflöckchen darauf verteilen und im heißen Ofen ca. 40 Minuten backen, herausnehmen und servieren.

Makkaroni mit Ricotta und Bratwurst

◂ *Kalabrien* ▸

400 g Makkaroni, 400 g frische Ricotta (oder Quark), 200 g Bratwurst, geriebener Schafskäse, Salz, Pfefferkörner.

Die Bratwurst häuten, sorgfältig zerkleinern und bei geringer Temperatur in einem Topf mit etwas Wasser garen, so dass sie nicht brät. In einer Schüssel die Ricotta mit einer Holzgabel rühren, die Bratwurst, Salz und reichlich frisch gemahlenen Pfeffer zugeben. Die Nudeln in genügend Salzwasser bissfest kochen, abgießen und dabei etwas Kochwasser zurückbehalten, mit der Ricotta vermengen und mit viel Schafskäse bestreuen.

Malloreddus

◂ *Sardinien* ▸

250 g feiner Grieß, 150 g Weißmehl, Safran, Salz.

Das Griehmehl mit dem Weißmehl vermengt auf eine Arbeitsfläche häufen, eine Vertiefung eindrücken und eine halbe Tasse lauwarmes Wasser mit einigen Prisen Safran hineingießen; eine Prise Salz zugeben und sorgfältig durcharbeiten.
Nachdem ein gleichmäßiger Teig entsteht, kleine Rollen formen, die man in Stücke von wenigen Zentimetern Länge schneidet. Die Malloreddus über das spezielle Instrument oder die Rückseite einer Reibe drücken, damit die Außenseite gerillt wird. Auf ein Tablett legen und trocknen lassen. Die Malloreddus sollten gut trocknen, weshalb es sich empfiehlt, sie einige Tage vor dem Verzehr zuzubereiten.

Mille cosedde

◂ *Kalabrien* ▸

350 g kurze Teigwaren, 15 g getrocknete Saubohnen, 150 g getrocknete Kichererbsen, 150 getrocknete Bohnen, 1/2 Wirsingkohl, 1 Zwiebel, 1 Möhre, 1 Selleriestange, 50 g geräucherter Bauchspeck, geriebener Schafskäse, Olivenöl extra vergine, Salz, Pfeffer, Cayennepfeffer.

Die Hülsenfrüchte 24 Stunden in lauwarmem Wasser einweichen; am nächsten Tag abgießen und in frischem Wasser kochen (erst am Ende der Kochzeit salzen).
Den Wirsingkohl putzen und in feine Streifen schneiden. Möhre, Zwiebel, Sellerie und Speck kleinhacken und in einem Topf mit reichlich Öl anbraten. Bei mäßiger Hitze die abgegossenen Hülsenfrüchte, den Wirsingkohl und 2 l Wasser dazugeben. Mit Salz abschmecken und mit Cayennepfeffer würzen.
Sobald das Ganze anfängt zu kochen, kommen die Nudeln dazu. Mit viel geriebenem Schafskäse servieren.

Milch- und Kastaniensuppe

◂ *Aostatal* ▸

250 g getrocknete Esskastanien (Maronen) ohne Schale, Pinienkerne, Rosinen, 1,5 l Milch, Salz.

Die getrockneten Kastanien vor der Zubereitung einen ganzen Tag lang in lauwarmem Wasser ruhen lassen. Abgießen und ca. 2 Stunden in einem Topf mit Wasser kochen. Erst kurz bevor sie vom Feuer genommen werden salzen. Das Wasser abgießen und noch einmal 45 Minuten in Milch kochen.
Mit Salz abschmecken und einen Esslöffel eingeweichte und anschließend ausgedrückte Rosinen und einen Esslöffel Pinienkerne hinzufügen. Kurz aufkochen lassen und die köstliche und nahrhafte Suppe kann aufgetragen werden.

Gerstensuppe

300 g Gerste, 150 g getrocknete Bohnen, 1 Schinkenknochen, 2 Kartoffeln, 2 Karotten, 1 Zwiebel, 1 Stange Sellerie, 1 Bund glatte Petersilie, geriebener Parmesan, Olivenöl extra vergine, Salz.

Den Schinkenknochen und die getrockneten Bohnen 12 Stunden in verschiedenen Gefäßen einweichen lassen. Anschließend die Bohnen abgießen und bei schwacher Hitze 2 Stunden kochen lassen.
Die Gerste 24 Stunden einweichen. Dann unter fließendem Wasser abspülen, und mit frischem Wasser ebenfalls ca. 2 Stunden kochen lassen. In einem Topf das klein geschnittene Gemüse (die Zwiebel, den Knoblauch, die Petersilie, den Sellerie) mit Olivenöl anschmoren. Wenn es fertig ist, zusammen mit den in Scheiben geschnittenen Karotten, den Kartoffeln und dem abgetropften Schinkenknochen zur Gerste (wenn sie gerade anfängt zu kochen) dazugeben, salzen und mit warmem Wasser verlängern. Kurz vor Ende der Kochzeit die gekochten Bohnen hinzufügen und den Schinkenknochen herausnehmen. Die Minestrone mit geriebenem Parmesan auftragen.

Sardische Gemüsesuppe

Sardinien

1,5 kg Gemüse der Jahreszeit, 200 g Malloreddus (siehe vorheriges Rezept),Wildfenchel, Olivenöl extra vergine, Salz, Pfefferkörner.

Das Gemüse putzen, waschen, klein schneiden und in einen Topf mit kal-

tem Wasser geben. Einen Bund gehackten Wildfenchel, Salz und gemahlenen Pfeffer hinzufügen.
Ca. anderthalb Stunden kochen. 30 Minuten vor Ende der Kochzeit die Malloreddus zugeben. Mit einem Schuss Öl servieren.

TOSKANISCHE GEMÜSESUPPE

◂ *Toskana* ▸

300 g kleinformatige Nudeln, 250 g frische weiße Bohnen, 150 g Mangold, 1 Scheibe geräucherter Speck, 1/2 Weißkohl, 1/2 Rotkohl, 3 Tomaten, 2 Stangen Porree, 2 Karotten, 1 Zwiebel, 1 Stange Sellerie, 1 Knoblauchzehe, Basilikum, Olivenöl extra vergine, Salz, Pfeffer.

Die Bohnen in Salzwasser kochen, abgießen und das Wasser aufbewahren. Die Hälfte der Bohnen passieren. Den Knoblauch, den Sellerie, die Zwiebel, die Karotten, das Basilikum hacken und den Speck in Würfel schneiden und in einem Topf mit etwas Olivenöl anschmoren. Dann das restliche, in Stücke geschnittene Gemüse, sowie die Bohnen (sowohl die passierten, als auch die ganzen Bohnen) mit ihrem Sud dazugeben. Noch etwas warmes Wasser beigeben, salzen, pfeffern und circa eine halbe Stunde bei schwacher Hitze kochen lassen.
Ganz nach Belieben können kleine Nudeln in der Suppe mitgekocht werden, oder kann die Suppe mit geröstetem Brot gereicht werden.

ORECCHIETTE-NUDELN MIT GRÜNKOHLSPITZEN

◂ *Apulien* ▸

Für die Nudeln: 350 g Weibmehl, 100 g Hartweizengrieß, Salz.
Für die Souce: 300 g Grünkohlspitzen, 2 Knoblauchzehen, 1 Esslöffel Rosinen (nach Wunsch), 1 Esslöffel Pinienkerne (nach Wunsch), 2 Sardellen (in Salz), geriebener Schafskäse, Olivenöl extra vergine, Salz, Cayennepfeffer.

Zuerst die Nudeln zubereiten: das mit dem Grieß und einer Prise Salz vermischte Mehl auf eine Arbeitsfläche häufen und mit soviel lauwarmem Wasser verarbeiten, dass ein recht fester, aber gleichmäßiger Teig entsteht. Nach ca. 10 Minuten den Teig aufteilen und von Hand zu langen, ca. 2 cm breiten Rollen formen. Diese werden in 1 cm lange Stücke geschnitten und mit einer Messerspitze über die bemehlte Arbeitsfläche gedrückt, dass sie eine Muschelform annehmen. Jede Muschel wird auf die Daumenspitze gesteckt und nach hinten gebogen, damit die Orecchiette-Form entsteht. Auf leicht bemehlten Küchentüchern trocknen lassen.
Die Grünkohlspitzen sorgfältig waschen und in reichlich Salzwasser garen, das für die Nudeln zurückbehalten wird. Den zerdrückten Knoblauch in einigen Esslöffeln Öl bräunen, die vom Salz befreiten Sardellen zugeben und zerdrücken. Die Grünkohlspitzen hinzufügen und dünsten (ggf. heißes Salzwasser übergießen). Kurz vor dem

Abschalten mit Salz und Cayennepfeffer würzen, die Pinienkerne und die in lauwarmem Wasser eingeweichten Rosinen unterrühren. Die Orecchiette-Nudeln kochen, bissfest abgießen und kurz in der Pfanne mit den Grünkohlspitzen anbraten. Mit geriebenem Schafskäse, oder gewürfelt, falls er frisch ist, bestreuen.

Pancotto

◂ Ligurien ▸

400 g altbackenes Brot, 1,5 l Fleischbrühe, Butter, geriebener Parmesankäse, 2 Eier.
Für die Brühe: 500 g mageres Rindfleisch, 500 g Kalbfleisch, 1/2 Huhn, 1 Zwiebel, 1 Möhre, 1 Selleriestange, 1 Tomate, 1-2 Gewürznelken, 1 Lorbeerblatt, Salz, Pfefferkörner.

Für die Zubereitung der Brühe das Huhn säubern, die Federreste versengen und zusammen mit dem anderen Fleisch in einen großen Topf mit 1,5 l kaltem Wasser und einer Prise Salz geben. Bei mäßiger Hitze aufkochen lassen und das Gemüse (Gewürznelken in die Zwiebel stecken), einige Pfefferkörner und das Lorbeerblatt hinzufügen. Ca. 1,5 Stunden leise köcheln lassen und regelmäßig abschäumen. Am Ende der Kochzeit das Fleisch aus der Brühe nehmen und das Gemüse herausfiltern. Die Brühe zum Entfetten abkühlen lassen und mit einem Holzschaber das Fett entfernen, das sich an der Oberfläche sammelt. Die Brühe, das in Würfel geschnittene altbackene Brot und ein Stück Butter in einen Schmortopf geben und 10 Minuten kochen lassen. Vom Herd nehmen, die Eigelbe einarbeiten und zum Schluss mit reichlich geriebenem Parmesankäse bestreuen.

Pansotti mit Nuss-Sauce

◂ Ligurien ▸

Für den Teig: 500 g Mehl, 3 Eier.
Für die Füllung: 300 g Ricotta (oder Quark), 500 g Mangold, 500 g Gemüse (Weißkohl, Mangoldblätter und Petersilie), 1 Bund Borretsch, 3 Eier, 50 g Parmesankäse, Muskatnuss, Salz.
Für die Sauce: Nüsse, Pinienkerne, 1 Knoblauchzehe, Olivenöl extra vergine.

Das Gemüse putzen, waschen, kochen und klein hacken. In einer Schüssel die Ricotta mit dem geriebenen Parmesankäse, den Eiern, Salz und etwas Muskatnuss vermengen; zum Schluss das zerkleinerte Gemüse zugeben. Zur Zubereitung der Sauce werden die Nüsse, Pinienkerne und der Knoblauch zerkleinert und unter der langsamen Zugabe von so viel Öl in einem Mörser bearbeitet, dass eine feste, homogene Sauce entsteht.
Den Teig zubereiten, ausrollen und in Quadrate mit einer Seitenlänge von 6 cm

unterteilen. Auf jedes Teigquadrat ein Häufchen der Füllung setzen, den Teig zu einem Dreieck klappen und die Ränder gut zusammendrücken. Die Pansotti in kochendem Salzwasser garen, abgießen und auf einem vorgewärmten Servierteller anrichten; mit der Nusssauce bedecken und sofort servieren.

Toskanischer Brotsalat

◂ *Toskana* ▸

400 g toskanisches Holzofenbrot vom Vortag, 3 reife Tomaten, 1 rote Zwiebel, 1 grüne Gurke, 6 Basilikumblätter, 1 Teelöffel Essig, 3 EL Olivenöl extra vergine, Salz, Pfefferkörner.

Das Brot in etwas Wasser einweichen. Währendessen die Gurke schälen und in Scheiben schneiden. Die Gurke mit etwas Salz bestreuen und mit einem umgedrehten Teller das Wasser ausdrücken. Die Zwiebel und die Tomaten ebenfalls in dünne Scheiben schneiden und die Basilikumblätter mit den Händen in kleine Stücke reißen. Das Wasser aus dem Brot drücken dann das Brot in eine Schüssel bröseln, das Salz von den Gurken abspülen und zusammen mit dem anderen Gemüse hinzufügen. Mit Essig, Öl, Salz und Pfeffer aus der Mühle abschmecken. Vorsichtig umrühren und vor dem Servieren mindestens 10 Minuten an einem kühlen Ort durchziehen lassen.

Tomatenbrei

◂ *Toskana* ▸

600 g geschälte Tomaten, 300 g toskanisches Weißbrot vom Vortag, 1 Stange Porree, 1 Knoblauchzehe, 6 Basilikumblätter, 1/2 l Brühe aus einem Brühwürfel, 1/4 l Olivenöl extra vergine, Salz, Pfefferkörner.

Die grob geschnittenen Tomaten und den grob geschnitten Porree, das in Stücke gebrochene Brot, die Basilikumblätter, die Knoblauchzehe, drei Esslöffel Olivenöl, die Brühe sowie Salz und Pfeffer aus der Mühle in einen Topf geben. Unter häufigem Rühren zum Kochen bringen, bis die Brühe sich auf die Hälfte reduziert hat und das Brot breiig geworden ist. Den Herd abschalten, Deckel aufsetzen und den Tomatenbrei mindestens 15 Minuten ruhen lassen. Die Knoblauchzehe entfernen. Den Tomatenbrei auf Teller füllen und jede Portion mit etwas kaltem Olivenöl und reichlich frischem Pfeffer aus der Mühle würzen. Das Gericht kann auf mehrere Arten zubereitet werden. So kann zum Beispiel erst der Knoblauch mit dem Basilikum und dann mit den Tomaten andünstet werden, bevor man die heiße Brühe und das Brot dazugibt.

Pappardelle-Bandnudeln mit Hasenragout

◂ *Toskana* ▸

400 g frische, breite Bandnudeln, 1 entbeinter Hasenrücken, 1 Scheibe roher Schinken (ca. 50 g), 100 g Tomatenmus, 1 Zwiebel, 1 Möhre, 1 Selleriestange, 1 Lorbeerblatt, 1 Esslöffel gehackte Petersilie, Thymian und Rosmarin, 4 Wachholderbeeren, 1 Glas Rotwein, Olivenöl extra vergine, Salz, Pfeffer.

Alle Gewürze und das klein geschnittene Gemüse rösten, und wenn die Zwiebel anfängt zu bräunen, den gehackten Schinken und das in Stücke geschnittene Hasenfleisch zugeben. Immer wie-

der umrühren und durchziehen lassen, danach mit Rotwein ablöschen und verdampfen lassen.
Wenn das Fleisch beginnt einzukochen, die Tomaten unterrühren, bei niedriger Hitze ca. 1,5 Stunden kochen lassen und die Sauce durch Zugabe von etwas heißer Brühe weich halten (manche Personen ziehen ein Glas Milch vor). Die Pappardelle in reichlich Salzwasser kochen, biss fest abgießen und in einer vorgewärmten Suppenschüssel mit der Sauce und einigen zur Garnierung aufgelegten Fleischstücken servieren.

Nudeln mit Auberginen

◂ *Sizilien* ▸

400 g Nudeln, 100 g salzige Ricotta, 4 Auberginen, 500 g Tomatenmus, 1 Zwiebel, 40 g frisches Schweinefett, Olivenöl extra vergine, Salz, Pfeffer.

Für die Sauce das zerkleinerte, frische Schweinefett, die in Scheiben geschnittene Zwiebel und einige Esslöffel Öl anbraten; kurz darauf das Tomatenmus, Salz und Pfeffer zugeben. Bei mäßiger Hitze 20 Minuten kochen. In der Zwischenzeit die Auberginen in Scheiben schneiden, mit Salz bestreuen und eine halbe Stunde in einem Nudelsieb lassen, damit sie ihre bittere Flüssigkeit verlieren. Die Auberginen waschen, trocknen und in heißem Öl ausbacken; mit einem Schaumlöffel herausholen, auf Küchenpapier abtropfen lassen und leicht salzen.
Die Nudeln in reichlich Salzwasser sehr bissfest kochen, mit der Tomatensauce verrühren und mit etwas salziger Ricotta bestreuen. Die einzelnen Portionen mit den gebackenen Auberginenscheiben garnieren und sofort servieren.

Nudeln mit Kichererbsen

◂ *Latium* ▸

300 g kleinformatige Nudeln, 200 g Kichererbsen, 5 Knoblauchzehen, 4 reife Tomaten, 1 Zweigchen Rosmarin, einige Sardellenfilets, Olivenöl extra vergine, Salz, Pfefferkörner.

Die Kichererbsen in lauwarmem Wasser 24 Stunden einweichen. Das Einweichwasser abgießen und die Kichererbsen mit 3 ganzen Knoblauchzehen, dem Rosmarinzweigchen und frischem Wasser in einen Topf geben, so dass alles bedeckt ist. Salzen, Pfeffern und bei niedriger Hitze ca. 3 Stunden kochen.
In der Zwischenzeit in einem kleinen Topf die restlichen Knoblauchzehen, die geschälten (mit heißem Wasser überbrühten), entkernten, grob zerkleinerten Tomaten und einige zerstückelte Sardellenfilets rösten.
Wenn die Kichererbsen gar sind, die Sauce in den Topf leeren; falls erforderlich, heißes Wasser aufgießen und die Nudeln zugeben, wenn es anfängt zu kochen.
Vor dem Servieren den Rosmarinzweig und die Knoblauchzehen entfernen, etwas gemahlenen Pfeffer und einen Schuss Olivenöl darübergeben.

Nudeln mit Bohnen

◂ *Venetien* ▸

200 g Bandnudeln, 300 g getrocknete Borlotti-Bohnen, 1 Möhre, 1 Zwiebel, 1 Selleriestange, 1 Knoblauchzehe, 1 Zweigchen Rosmarin oder Salbei, 100 g Schweineschwarte, geriebener Käse, 1/2 Glas Olivenöl extra vergine, Salz, Pfeffer.

Die Schweineschwarte 5 Minuten in heißem Wasser brühen, herausnehmen

und gut abschaben, um die Borsten zu entfernen. Die Bohnen 12 Stunden einweichen; abgießen und in einen Schmortopf geben, in dem zuvor das geputzte, klein geschnittene Gemüse mit Knoblauch und Rosmarin (oder Salbei oder beidem) angedünstet wurde. Anbraten, dann die Bohnen ohne Wasser, die Schwarte und ca. 1,5 l Wasser zugeben.
Salzen und bei niedriger Hitze im zugedeckten Topf 2-3 Stunden kochen lassen. Je nachdem, ob man eine mehr oder weniger dicke Brühe wünscht, entnimmt man einen Teil der Bohnen (ein Drittel oder die Hälfte), streicht sie durch ein Gemüsesieb und rührt den Brei wieder in die Suppe auf dem Herd.
Die Bandnudeln in der Gemüsesuppe garen und falls diese zu trocken sein sollte, einige Schöpfkellen mit heißem Wasser zugießen. Vor dem Servieren die Schweineschwarte herausnehmen, in dünne Streifen schneiden und in die Teller der Gäste geben. Reichlich frisch gemahlenen Pfeffer, einen Schuss Öl und geriebenen Käse aufstreuen.
Dies ist nur eine der zahlreichen Versionen der Nudeln mit Bohnen in Italien. Die Suppe kann auch mit etwas Tomatenmus oder -mark abgeschmeckt, die Bandnudeln durch Nudelreste ersetzt, die Schwarte weggelassen werden und so weiter.

Maccheroni-Pastete mit Pilzen

400 g Maccheroni, 200 g Pilze, 100 g Emmentaler, 1 Knoblauchzehe, glatte Petersilie, Béchamelsauce, 100 g geriebener Parmesan, Butter, Olivenöl extra vergine, Salz, Pfeffer.

Die Pilze putzen und in Scheiben schneiden. Eine zerkleinerte Knoblauchzehe in etwas Öl kurz andünsten, die Pilze hinzufügen und schwitzen lassen. Wenn sie gar sind, den Knoblauch entfernen und mit Salz, Pfeffer und der fein gehackten Petersilie würzen.
Den in Würfel geschnittenen Emmentaler sowie zwei Esslöffel der vorher zubereiteten Pilze unter die Béchamelsauce rühren. Die Nudeln in Salzwasser „al dente" kochen, gut abtropfen lassen und mit den Pilzen vermengen. Dann schichtweise in eine Auflaufform geben und mit der Béchamelsauce und dem geriebenen Parmesan abwechseln. Mit der Béchamelsauce, dem Parmesan und einigen Butterflocken bedecken und im vorgeheizten Backofen 15 Minuten backen.

PENNE ALL'ARRABBIATA

◂ *Kalabrien* ▸

400 g Penne-Nudeln, 500 g reife, feste Tomaten, 2 Knoblauchzehen, 1 Chilischote, geriebener Schafskäse, Olivenöl extra vergine, Salz.

Die Knoblauchzehen in einigen Löffeln Öl bräunen, dann die geschälten (hierzu mit heißem Wasser überbrühten), entkernten und zerkleinerten Tomaten zugeben.

Die Sauce langsam einkochen lassen, mit Salz und zerbröselter Chilischote würzen und bei mäßiger Hitze 20 Minuten kochen, ab und zu umrühren. In der Zwischenzeit die Nudeln in reichlich Salzwasser kochen und bissfest abgießen. Bei großer Hitze kurz in die Pfanne zu der pikanten Sauce geben und mit reichlich geriebenem Schafskäse bestreuen.

PIZZOCCHERI AL FORNO

◂ *Lombardei* ▸

300 g Pizzoccheri-Nudeln (aus Buchweizenmehl), 150 g geriebener Parmesankäse, 150 g Weichkäse wie Fontina oder Bitto, 200 g Wirsing oder Mangold, 200 g Kartoffeln, 3 Knoblauchzehen, 1 Zweigchen Salbei, 100 g Butter, Olivenöl extra vergine, Salz.

Den Wirsing und die Kartoffeln waschen, in Stücke schneiden und in viel Salzwasser kochen; in dem gleichen Topf werden die Pizzoccheri-Nudeln mitgekocht, weshalb die Garzeiten gut zu berechnen sind, damit alles bissfest wird. In der Zwischenzeit den Weichkäse in feine Streifen schneiden, die Butter mit einigen Esslöffeln Öl zerlassen und Salbei und die zerdrückten Knoblauchzehen zugeben (herausnehmen, sobald sie anfangen zu bräunen). In eine Auflaufform eine erste Schicht Nudeln mit Gemüse füllen, darauf eine Mischung aus Parmesankäse und gewürfeltem Fontina-Käse verteilen und mit der Salbeibutter würzen. Es fol-

gen eine weitere Schicht Nudeln und nach und nach die anderen Zutaten; man endet mit reichlich Parmesankäse und einigen Butterflöckchen und schiebt das Ganze zum Überbacken 10 Minuten in den vorgeheizten Ofen.
Einige Rezeptversionen sehen dieses Überbacken nicht vor; die Nudeln werden mit dem Gemüse abgegossen, mit dem Käse und der zerlassenen Butter vermengt und sofort serviert.

Nudeln in der Brühe mit Hühnerleber

◂ *Emilia Romagna* ▸

200 g Eiernudel-Quadrate, 15 g Hühnerleber, 1 l Fleischbrühe, 3 Eier, 1 Knoblauchzehe, 4 Salbeiblätter, 60 g Butter, Rosmarin, 50 g geriebener Parmesankäse, Salz.

Heute findet man die Eiernudel-Quadrate in den Lebensmittelgeschäften, während man sie früher aus den Teigresten bei der Herstellung der Bandnudeln oder Cappelletti-Nudeln formte.
Die Leber gut säubern und in einer Pfanne mit 20 g Butter, Knoblauch und Salbei anbraten.

Wenn sie geröstet ist, vom Feuer nehmen, sehr fein hacken, erneut in die Pfanne geben, aus der Knoblauch und Salbei entfernt wurden, und mit der verbliebenen Butter, Rosmarin und Salz schmoren.
In einem Topf die Brühe zum Kochen bringen, die Leber hineingeben und 2 Minuten kochen lassen, bevor die Nudelquadrate hinzugefügt werden, die in wenigen Minuten gar gekocht sind. Mit einem Holzlöffel umrühren und mit geriebenem Parmesankäse bestreuen.

Ravioli mit Ricotta-Käse

Für den Teig: 400 g Mehl, 4 Eier, Salz.
Für die Füllung: 200 g römischer Ricotta-Frischkäse, 2 Eier, Muskatnuss, geriebener Parmesan, Salz.

Den Nudelteig zubereiten. Das Mehl und die Eier so lange verkneten, bis ein fester Teig mit einer glänzenden Oberfläche entsteht. Die Arbeitsfläche einmehlen und mit einem Nudelholz (oder einer Nudel-Maschine) den Teig ganz dünn ausrollen.
Die Eier in einer Schüssel verquirlen und den Ricotta-Käse durch ein Sieb geben und hinzufügen. Eine Handvoll Parmesankäse, Salz und eine Prise Muskatnuss beigeben. Alles zu einer gleichmäßigen Masse verrühren.
Wenn die Füllung fertig ist, auf die eine Hälfte des dünn ausgerollten Teigs in gleichmäßigen Abständen kleine Häufchen mit der Füllung verteilen. Mit der anderen Teighälfte bedecken und mit den Ravioliformen (oder den Raviolirad) im gewünschten Format ausstechen oder ausschneiden.

Es ist ratsam, den Teig zwischen den einzelnen Häufchen mit Eiweiß zu bestreichen (sonst einfach mit lauwarmen Wasser anfeuchten), damit der Teig beim Schließen gut anhaftet. Die Ravioli auf einem bemehlten Tuch an einem kühlen Ort einen Tag lang ruhen lassen und schließlich in Salzwasser kochen. Nach dem Abgießen mit flüssiger Butter und Parmesan anrichten.

Ribollita

◂ *Toskana* ▸

500 g altbackenes Brot, 150 g getrocknete, weiße Bohnen, 250 g reife Tomaten, 1 Möhre, 1/2 Wirsingkohl, 1 Kartoffel, 1 Zwiebel, 2 Knoblauchzehen, 1 Selleriestange, einige Petersilieblättchen, Thymian, Olivenöl extra vergine, Salz, Cayennepfeffer.

Auch von diesem typisch toskanischen Gericht existieren mehrere Varianten, die von der Jahreszeit und den verfügbaren Gemüsesorten abhängen.
Man beginnt mit der Zubereitung einer Bohnensuppe: die Bohnen mindestens 12 Stunden einweichen, abtropfen lassen und in frischem Wasser bei geringer Hitze im offenen Topf kochen. In der Zwischenzeit in einer Pfanne mit Öl die Zwiebel, die Möhre, den in Scheiben geschnittenen Sellerie und den zerdrückten Knoblauch dünsten; die geschälten Tomaten, Cayennepfeffer und Thymian einrühren und nach einer Kochzeit von mindestens 5 Minuten auch die klein gewürfelte Kartoffel und den in dünne Streifen geschnittenen Wirsing zugeben. Bei niedriger Hitze kochen und mit wenig Wasser aufgießen; die gekochten, durch das Sieb gestrichenen Bohnen mit ihrem Kochwasser unterrühren.
Nach ca. 20 Minuten Kochzeit mit Salz abschmecken, bevor das Gericht vom Herd genommen wird. In der Zwischenzeit in eine große Tonschüssel zwei Schichten dünner Brotscheiben legen und die Suppe darübergießen. Es folgen zwei weitere Schichten Brot, die wiederum mit Suppe bedeckt werden.
Dies ist eine äußerst schmackhafte Suppe. Die eigentliche Ribollita ("ribollire" = wieder aufkochen) bereitet man am darauf folgenden Tag zu, indem man den Topf bei geringer Hitze auf den Herd stellt, in die Mitte der Suppe etwas Olivenöl extra vergine gibt und sehr leise köcheln lässt, wobei der Tontopf mit einem feuerfesten Drahtgitter zu schützen ist.

Reis mit Schweinekoteletts

◂ *Lombardei* ▸

400 g Reis, 4 Schweinekoteletts, Butter und Fett (Öl, Schmalz oder anderes nach Belieben), 1 weiße Zwiebel, geriebener Parmesankäse, Salz, Pfeffer.

2 l Wasser (das Doppelte des Reisvolumens), wenn möglich in einem Kupferkessel, zum Kochen bringen; den Reis langsam einrieseln lassen, so dass sich ein Kegel bildet, dessen Spitze einige Millimeter über das Wasser herausragt. Den Kessel mehrmals rütteln,

zudecken und bei guter Hitze 10-12 Minuten kochen.
Vom Herd nehmen, gut umrühren und mit einem dicken Küchentuch abdecken, auf das der Deckel gelegt wird; ca. 15 Minuten ziehen lassen.
Die gehackte Zwiebel in der Butter glasig dünsten, salzen, pfeffern und zusammen mit dem geriebenen Parmesankäse mit dem Reis verrühren.
Den Reis mit den zuvor in einer Pfanne gebratenen und gewürzten Koteletts auf den Tellern der Gäste servieren.

RISOTTO MIT SALAMIPASTE

◂ *Venetien* ▸

400 g Reis, 4 frische Salamis oder frische Salamifüllung, ca. 8 dl Brühe, geriebener Parmesankäse, Butter, Salz.

Die Brühe bei starker Hitze zum Kochen bringen, den Reis hineinrieseln lassen, so dass er von der Brühe bedeckt ist, den Topf leicht schütteln und 12 Minuten kochen.
Abschalten, den Topf zudecken, in zwei Küchentücher wickeln und 15 Minuten ziehen lassen.
In der Zwischenzeit in einem Pfännchen in einem nussgroßen Stück Butter die zerbröckelte Salamifüllung oder die enthäuteten Salamis anbraten. Die Wurst mit dem gekochten Reis – der trocken, mit Biss und körnig sein muss – und reichlich geriebenem Parmesankäse vermengen. Gründlich umrühren und servieren.
Eine "leichtere" Version sieht die Verwendung von gehacktem Schweinefleisch anstelle der Salanifüllung vor. In diesem Fall sind jedoch mehr von den anderen Gewürze zu verwenden.

RISOTTO MIT STEINPILZEN

300 g Reis, 300 g Steinpilze, 3 Schalotten, 1 Knoblauchzehe, 1 Bund glatte Petersilie, Brühe so viel wie nötig, 1/2 Glas Brandy, geriebener Parmesan (nach Belieben), Butter, Olivenöl extra vergine, Salz, Pfeffer aus der Mühle.

◆ Die Pilze putzen und in Scheiben schneiden, dann 10 Minuten in Olivenöl anbräunen, die klein gehackte Petersilie und den Knoblauch, Salz und Pfeffer hinzufügen und vom Feuer nehmen.

◆ In einer Kasserolle die gehackten Schalotten in Öl andünsten, den Reis hinzugeben und umrühren. Mit Brandy ablöschen und verdampfen lassen, dabei ständig umrühren.

◆ Die Steinpilze unter den Reis rühren und kurz darauf einige Schöpflöffel heiße Brühe hinzugeben. Salzen, den Reis zum Kochen bringen und von Zeit zu Zeit noch etwas heiße Brühe nachgießen.

◆ Butter, Pfeffer und einige Esslöffel Parmesan sowie eine weitere Prise gehackte Petersilie beifügen. Vom Feuer nehmen und 5 Minuten ruhen lassen.

Trüffelrisotto

Piemont

400 g Reis, 1 kleiner weißer Trüffel, 1 Schalotte, Brühe so viel wie nötig, 1/2 Glas trockener Weißwein, Butter, Pfefferkörner.

Die Schalotte klein schneiden und in etwas Butter andünsten. Dann den Reis hinzugeben und mit der Schalotte vermischen. Mit dem Wein ablöschen und verdampfen lassen. Den Reis zum Kochen bringen und die Brühe nach und nach mit einer Suppenkelle dazugeben. Den Trüffel bürsten und im Weißwein abspülen. Die äußere Schale entfernen und fein hacken. Den Reis „al dente" kochen, vom Herd nehmen und mit einem Stückchen Butter und dem klein gehacktem Trüffel sowie Pfeffer aus der Mühle würzen. Umrühren, Deckel aufsetzen und einige Minuten ruhen lassen. Den Risotto vor dem Auftragen mit hauchdünnen Trüffelscheiben garnieren.

Reisauflauf

Kampanien

400 g Reis, 300 g gehacktes Rindfleisch, 200 g Hühnerleber, 1 Bratwurst, 250 g frische Erbsen, 25 g getrocknete Pilze, 60 g geriebener Parmesankäse, 1 Mozzarella, 3 Eier, 1 Zwiebel, 1,5 l Brühe, 2-3 Esslöffel Tomatenmark, Weißmehl, Semmelbrösel, 200 g Schmalz, Olivenöl extra vergine, Salz, Pfeffer.

Die klein gehackte Zwiebel in einem Tontopf glasig dünsten, das in einem Glas Brühe aufgelöste Tomatenmark, die eingeweichten, ausgedrückten und zerkleinerten Pilze, die Erbsen, Salz, Pfeffer und ein Stück Bratwurst zugeben. Die Sauce ca. 20 Minuten kochen lassen. In der Zwischenzeit in einer Schüssel das gesalzene und gepfefferte Hackfleisch, ein Ei, einen Esslöffel Semmelbrösel und etwas geriebenen Käse vermengen. Aus dieser Masse viele Klopse formen, im Mehl wälzen und in heißem Öl ausbacken. Den Reis in einem großen Topf mit der Hälfte der Sauce kochen und falls notwendig etwas heiße Brühe nachgießen. Wenn der Reis gekocht ist, vom Herd nehmen und mit 50 g Schmalz, 2 Eiern und 4 Esslöffel geriebenem Käse vermengen. Die restliche Sauce mit den Klopsen und 50 g Schmalz einige Minuten auf den Herd stellen. Die Leber waschen, trocknen, in wenig Schmalz anbraten und nach Aufguss von wenig Brühe zum Kochen bringen. Eine Form leicht buttern, rundherum mit Reis auslegen und folgende Schichten in die Mitte füllen: Klopse, Leber, Mozzarellastückchen, Bratwurststücke und geriebenen Käse. Die Schichten fortsetzen, bis alle Zutaten verbraucht sind. Die Oberfläche des Auflaufs mit Semmelbrösel bestreuen, einige Flöckchen Schmalz verteilen und bei 160°C ca. eine halbe Stunde im Ofen backen. Den Auflauf umgekehrt auf einen Servierteller stürzen und heiß servieren.

Scripelle 'mbusse

◂ *Abruzzen-Molise* ▸

4 Eier, Weißmehl, 1 Bund Petersilie, 1/2 Glas Milch, 1,5 l Fleischbrühe, 100 g geriebener Schafskäse, Olivenöl extra vergine, Salz, Pfefferkörner.

Mit den Eiern, der gehackten Petersilie, Milch, einer Prise Salz und einer Prise Pfeffer einen Teig zubereiten; zum Schluss wenig Mehl gut unterrühren. In eine ölgefettete Pfanne einen Esslöffel des Teiges geben und den kleinen Fladen von beiden Seiten anbraten. Den Vorgang wiederholen, bis der Teig aufgebraucht ist. Die Fladen mit reichlich geriebenem Schafskäse bestreuen und aufrollen. Zwei Fladen in jeden Teller legen und eine zuvor zubereitete, kochend heiße Fleischbrühe darübergießen, mit geriebenem Schafskäse bestreuen und servieren.

Spaghetti mit Wildspargel

◂ *Umbrien* ▸

400 g Spaghetti, 200 g Wildspargelspitzen, 1 Knoblauchzehe, 400 g Tomatenmus, Olivenöl extra vergine, Salz, Pfefferkörner.

Für dieses typisch umbrische Rezept ist besonders der wild auf den Feldern wachsende Spargel geeignet. Von diesem Gemüse benutzt man nur die Spitzen, die gewaschen und mit etwas Öl und Knoblauch gedünstet werden. Nach ca. 10 Minuten das Tomatenmus und Salz zugeben. Die Sauce ist fertig, sobald sie beginnt einzudicken. In der Zwischenzeit das Wasser für die Nudeln zum Kochen bringen. Die Spaghetti bißfest kochen, mit der Sauce verrühren und mit gemahlenem, schwarzen Pfeffer würzen.

Spaghetti mit Knoblauch, Öl und Chilischote

◂ *Abruzzen-Molise* ▸

400 g Spaghetti, 4 Knoblauchzehen, 1 Chilischote, 1 Glas Olivenöl extra vergine, Salz.

Die Nudeln in reichlich Salzwasser kochen und in der Zwischenzeit in einem kleinen Topf das Öl mit der zerkleinerten Chilischote erhitzen, die dünn geschnittene Knoblauchzehen zugeben und leicht anbräunen lassen. Die bissfest gekochten Spaghetti mit dem gewürzten Öl vermengen. Soll die Sauce weniger scharf sein, wird die Chilischote herausgenommen, bevor man den Knoblauch zugibt; soll dagegen der Knoblauchgeschmack schwächer sein, die in Öl zerdrückten Knoblauchzehen ins Kalte stellen, die Zehen herausnehmen und das Öl mit der Chilischote erhitzen. Die so zubereiteten Spaghetti sind sehr heiß zu servieren.

Spaghetti mit Sepia-Tinte

◂ *Venetien* ▸

400 g Spaghetti, 400 g kleine Tintenfische und einige Tintensäckchen, 5 reife Tomaten (nach Belieben), 1 Knoblauchzehe, 1 Bund Petersilie, Olivenöl extra vergine, Salz, Cayennepfeffer.

Die Tintenfische säubern, waschen und grob zerkleinern. Den gehackten Knoblauch in wenig Öl anbraten, die Tintenfische und eine Kelle heißes Wasser zugeben und 15 Minuten kochen lassen. Die groß geschnittenen Tomaten (gehäutet und entkernt) untermischen und wenn die Sauce einkocht, die Tintensäckchen in dem Topf öffnen. Mit einer Hand voll gehackter Petersilie, Salz und Cayennepfeffer würzen. Die Sauce einige Minuten kochen lassen, bevor man die bissfest gekochten Spaghetti unterrührt.
Eine Rezeptvariante sieht nicht die Verwendung der Tomaten vor; in diesem Fall wird zum Kochen der Tintenfische etwas trockener Weißwein oder eine Kelle heißer Brühe aufgegossen.

Spaghetti mit Tomatensauce und Oliven

◂ *Apulien* ▸

400 g Spaghetti, 500 g reife und feste Tomaten, 150 g schwarze und grüne Oliven, 2 EL gesalzene Kapern, 1 Knoblauchzehe, Oregano oder Basilikum, rote Pfefferschote (Chilischote), Olivenöl extra vergine, Salz.

Die Tomaten kurz in kochendes Wasser tauchen, häuten, die Kerne entfernen und klein schneiden. In einer Pfanne einen Esslöffel Olivenöl mit dem klein gehackten Knoblauch erwärmen. Bevor der Knoblauch Farbe annimmt, die Tomaten, die zerkleinerten grünen Oliven und die schwarzen, einfach nur entsteinten Oliven sowie die Kapern dazugeben, die zuvor unter fließendem Wasser abgespült und abgetrocknet wurden. Salzen und bei schwacher Hitze kochen lassen. Kurz vor Ende der Kochzeit den Oregano (oder das zerkleinerte Basilikum), etwas Chili und etwas kaltes Öl hinzufügen. Die Spaghetti kochen und sofort nach dem Abgießen anrichten und servieren.

Spaghetti *alla chitarra* mit Fleischsauce

◂ *Abruzzen-Molise* ▸

Für die Spaghetti: 400 g Mehl, 2 Esslöffel Schmalz, Salz.
Für die Sauce: 1 Scheibe Schweinefleisch (ca. 500 g), 4 Scheiben Bauchspeck, 1 Stück Speck, 500 g reife, feste Tomaten, 3 Knoblauchzehen, 1 Bund Petersilie, Rotwein, 1 Esslöffel Schmalz, frischer Schafskäse, Salz, Pfefferkörner.

Das Mehl mit etwas Schmalz, Salz und der erforderlichen Menge Wasser verarbeiten, bis ein elastischer, aber fester Teig entsteht. Den Teig längere Zeit durchkneten, in Portionen aufteilen und durch die spezielle Nudelmaschine ziehen, bis der Teig so dick ist, wie die Abstände zwischen einer Gitarrenseite und der anderen groß sind. Besitzt man keine solche Maschine, in der die Teigplatte mit einem Hammer gepresst und in Spaghetti geschnitten wird, kann man den Matrizenaufsatz der Maschine verwenden, die zur Herstellung der Tagliolini-Nudeln dient. Die Spaghetti zum Trocknen auf ein bemehltes Küchentuch legen und die Fleischsauce zubereiten. Zwei Knoblauchzehen mit etwas Petersilie hacken und zusammen mit ein wenig frisch gemahlenem Pfeffer mit dem Schmalz vermengen; danach die Masse auf die geklopfte Scheibe Schweinefleisch streichen. Auf den Speck die Bauch-

speckscheiben und einige Stücke Schafskäse legen. Das Fleisch aufrollen und mit Zahnstochern oder Küchenfaden festhalten. Den klein geschnittenen Speck und die verbliebene Knoblauchzehe in einem Tontopf anbraten, danach das Fleisch zugeben. Mit etwas Wein ablöschen und sobald er verdampft ist, mit Salz und Pfeffer würzen. Die zuvor mit heißem Wasser überbrühten, entkernten und grob zerkleinerten Tomaten unterrühren.
Die Sauce zum Kochen bringen. Vor dem Abschalten das Fleisch herausnehmen und warm stellen. Die Spaghetti in reichlich Salzwasser bissfest garen, abgießen und mit der Sauce vermischen. Das Fleisch dagegen wird als zweiter Gang serviert.

SPAGHETTI *CARBONARA*

◂ *Latium* ▸

400 g Spaghetti, 200 g magerer Wangenspeck oder Speck am Stück, 4 Eier, 1 Knoblauchzehe, 3 Esslöffel geriebener Parmesankäse, 3 Esslöffel geriebener Schafskäse, Olivenöl extra vergine, Salz, Pfefferkörner.

Den Wangenspeck in 1/2 cm große Würfelchen schneiden und in einere Schmortopf mit einigen Esslöffeln Öl und der Knoblauchzehe (herausnehmen, wenn sie zu bräunen beginnt) anbraten.
In einer Suppenschüssel sorgfältig die bereits etwas zuvor aus dem Kühlschrank genommenen Eier (zwei ganze Eier und zwei Eigelbe) mit dem geriebenen Käse vermengen und mit Salz und frisch gemahlenem Pfeffer würzen, so dass eine homogene, cremeartige Sauce entsteht. Diese Sauce wird zubereitet, wenn die Nudeln beinahe gar gekocht sind, so dass sie sofort in die Suppenschüssel gegeben und mit dem Ei und dem heißen, knusprigen Speck serviert werden. Die Carbonara wird heiß serviert.

SPAGHETTI MIT ROGENSAUCE

◂ *Sardinien* ▸

400 g Spaghetti, 3 Scheiben Rogen (Bottarga), 1/2 Knoblauchzehe, 1 Bund Petersilie, 1/2 Zitrone, 3 Esslöffel Olivenöl extra vergine, Pfeffer.

Der Rogen, der wie ein hartes, braungraues Würstchen aussieht, ist nichts anderes als die in Salz eingelegten Eier der Meeräsche (oder Seebarsch). Er kann in dünne Scheiben geschnitten zur Zubereitung von Häppchen oder gerieben zum Verrühren mit Nudeln und Butter oder Öl verwendet werden. Die Spaghetti kochen und in der Zwischenzeit in einer Pfanne den Rogen in etwas Öl und dem Kochwasser der Nudeln schmelzen. Sobald er sich aufgelöst hat, den Zitronensaft dazugießen. Die Nudeln bissfest abgießen und in die Pfanne zu dem Rogen geben, Pfeffer und gehackte Petersilie darüberstreuen; je nach Wunsch noch etwas geriebenen Rogen dazugeben.

Spaghetti mit Sardinen

◂ *Kalabrien* ▸

400 g Spaghetti, 300 g frische Sardinen, 100 Wildfenchel, 30 g Pinienkerne, 20 g Rosinen, 4 Sardellenfilets, 1 Zwiebel, Olivenöl extra vergine, Salz, Pfeffer.

Den Wildfenchel gut waschen und sehr fein hacken. In einem Topf mit reichlich Öl die gehackte Zwiebel rösten, den Fenchel, die Pinienkerne, die (in warmen Wasser eingeweichten, abgetropften) Rosinen und die Sardellenfilets zugeben. Nach einigen Minuten die gesäuberten, entgräteten Sardinen und einen Fingerhoch lauwarmes Wasser unterrühren. Salzen, pfeffern und zum Kochen bringen. Die Spaghetti in reichlich Salzwasser kochen, bissfest abgießen und mit der Fischsauce verrühren.

Spaghetti mit Venusmuscheln

◂ *Latium* ▸

400 g Spaghetti, 1 kg Venusmuscheln, 2 Knoblauchzehen, 1 Bund Petersilie, 1 Chilischote, trockener Weißwein (nach Wunsch), Olivenöl extra vergine, Salz.

Die Muscheln unter fließendem Wasser säubern und mindestens eine halbe Stunde im Salzwasser lassen, um sie von eventuell vorhandenem Sand zwischen den Muschelschalen zu befreien. In einer zugedeckten Pfanne mit reichlich Öl, einer klein geschnittenen Knoblauchzehe, der Chilischote und etwas Wein bei großer Hitze die Venusmuscheln öffnen. In der Zwischenzeit die Spaghetti kochen, bissfest abgießen und zu den Muscheln in die Pfanne geben. Die Nudeln bei niedriger Hitze umrühren, mit gehacktem Knoblauch und Petersilie bestreuen und servieren. Da die Sauce nicht gefiltert wird, sollte eine sorgfältige Reinigung der Muscheln vor dem Kochen erfolgen, um hinterher keinen unangenehmen Sand zu finden.

Stracciatella

◂ *Latium* ▸

3 EL Grieß, 3 Eier, 1,5 l Fleischbrühe, Muskatnuss, 50 g geriebener Parmesan, Salz.

Die Fleischbrühe zum Kochen bringen. In der Zwischenzeit die Eier verquirlen, den Grieß, den geriebenen Parmesan und eine Prise Muskatnuss beigeben. Alles gut verrühren, in die kochende Brühe gießen und ständig umrühren. 5 Minuten kochen lassen. Als Variation kann der Grieß auch weggelassen werden.

Strangolapreti

◂ Trentino-Südtirol ▸

300 g Spinat, 2 altbackene Brötchen 2 Eier, 2 Esslöffel Weißmehl, einige Salbeiblätter, Milch nach Bedarf, geriebener Grana-Käse, Butter, Salz.

Die Strangolapreti, ein typisches Südtiroler Gericht, können auch mit Brennesseln, Mangold oder Wildspinat zubereitet werden. Den Spinat sorgfältig putzen, waschen und in Dampf oder in wenig Salzwasser garen, abgießen, gut ausdrücken und fein hacken. In der Zwischenzeit das Brot zerkleinern, mit etwas Milch befeuchten und die Eier, das Mehl und etwas Salz zugeben. Gut vermengen, danach den Spinat einarbeiten und aus der Masse nussgroße Klößchen formen.
In reichlich Salzwasser kochen, bis sie an die Oberfläche steigen (es empfiehlt sich, wenige Klößchen auf einmal zu garen, damit sie nicht zusammenkleben), und mit dem Schaumlöffel herausnehmen. Mit geriebenem Grana-Käse und zerlassener Butter mit einigen Salbeiblättern servieren.

Tagliatelle mit Pilzen

◆

400 g Tagliatelle, 300 g Waldpilze, 3 Knoblauchzehen, glatte Petersilie, rote Chilischote, Olivenöl extra vergine, Salz.

Die Waldpilze säubern und die nicht essbaren Teile abschneiden. Kurz unter fließendem Wasser abspülen, darauf achten, dass sie dabei nicht aufweichen. Pilze sorgfältig abtrocknen, in Scheiben schneiden und mit dem Olivenöl und dem zerhackten Knoblauch in einen Topf geben. Bei schwacher Hitze dünsten und kurz aufkochen lassen. Salz und Chili erst kurz vor Ende der Kochzeit hinzufügen.
Wenn die Pilze gar sind, die Nudeln „al dente" kochen und abgießen. In einer vorgewärmten Schüssel mit den Pilzen, etwas kaltem Öl und der gehackten Petersilie vermischen.

Tagliatelle mit Sardellen und Brotbröseln

◂ Ligurien ▸

400 g Tagliatelle, 6 in Salz eingelegte Sardellen, 4 Esslöffel geriebene Brotbrösel vom Brot vom Vortag, 25 g Pinienkerne, 3 Knoblauchzehen, glatte Petersilie, rote Chilischote (Peperoncino), Olivenöl extra vergine, Salz.

Die Sardellen mit Hilfe eines Messers und eines feuchten Tuchs vom Salz und den Gräten befreien. Die Knoblauchzehen mit einem halben Glas Öl leicht andünsten (sobald der Knoblauch Farbe annimmt, die Zehen herausnehmen), die Sardellen darin zerdrücken und etwas zerkleinerte Pfefferschote dazugeben.
Dann ein wenig gehackte Petersilie und die Pinienkerne hinzufügen. In einem kleinen beschichteten Topf die Brotbrösel gleichmäßig rösten und mit einem Holzlöffel häufig umrühren (Brösel müssen zwar Farbe annehmen, dürfen aber nicht zu dunkel werden).
In der Zwischenzeit die Nudeln in Salzwasser „al dente" kochen und abgießen. Nudeln mit der Sardellensauce und der Hälfte der gerösteten Brotbrösel vermengen. Mit den restlichen Brotbröseln servieren, die jeder nach Belieben wie geriebenen Parmesankäse über das Gericht streuen kann.

KÜRBIS-*TORTELLI*

◂ *Lombardei* ▸

Für den Teig: 400 g Mehl, 4 Eier, Salz.
Für die Füllung: 1 kg gelber, knorriger Kürbis, 100 g Makronen, 150 g geriebener Parmesankäse, 1 Ei, Muskatnuss, Salz.
Für die Sauce: Salbei, Butter, geriebener Parmesankäse.

◆ Den Kürbis schälen, entkernen und im Ofen backen. Das Kürbisfleisch durch das Sieb streichen, mit dem Ei, den zerbröselten Makronen und dem Parmesankäse vermengen und mit Salz und Muskatnuss würzen.

◆ Die Teigzutaten miteinander verrühren und durchkneten, bis ein fester Teig mit glänzender Oberfläche entsteht.

◆ Die Arbeitsfläche bemehlen, mit Hilfe eines Nudelholzes (bzw. einer Nudelmaschine) den Teig hauchdünn ausrollen und Quadrate ausschneiden, auf die etwas Kürbisfüllung verteilt wird.

◆ Den Teig zusammenfalten und die Ränder gut zusammendrücken. Die Tortelli in reichlich Salzwasser kochen, abgießen und mit zerlassener Butter und Salbei servieren. Geriebenen Parmesankäse dazu reichen.

Einige Versionen sehen bei der Zubereitung die Verwendung von fein gehackten, in ihrem Sirup eingeweichten Senffrüchten (ca. 100g) vor.

Bandnudeln mit *Ragù alla bolognese*

◂ *Emilia Romagna* ▸

Für die Bandnudeln: 400 g Mehl, 4 Eier, Salz.
Für die Sauce: 200 g gehacktes Rindfleisch, 50 g Bauchspeck am Stück, 1 kleine Möhre, 1/2 Selleriestange, 2 Esslöffel Tomatenmark, 1/2 Glas Rotwein, Brühe nach Bedarf, geriebener Parmesankäse, Olivenöl extra vergine, Salz, Pfeffer.

Das Ragù alla bolognese ist die traditionellste Fleischsauce der italienischen Küche und wird zu Nudel- und Reisgerichten sowie zu Polenta etc. gereicht. Für die Zubereitung die Zwiebel, die Möhre, den Sellerie und den Speck klein hacken. Letzteren mit einigen Esslöffeln Öl anbraten; sobald das Fett unter ständigem Rühren ausgelassen ist, das gehackte Gemüse zugeben. Ist dieses weich, das Rinderhackfleisch unterrühren. Ständig weiterrühren, damit sich das Fleisch gleichmäßig bräunt; mit Wein ablöschen und verdampfen lassen.
Das in etwas heißer Brühe aufgelöste Tomatenmark zugießen, salzen und pfeffern. Die Hitze reduzieren und im zugedeckten Topf ca. 2 Stunden kochen lassen. Ab und zu ein wenig Brühe nachgießen.
Das Rezept kann nach Belieben durch Verwendung verschiedener Fleischsorten abgeändert werden, oder durch die Zugabe von Hühnerleber, getrockneter Pilze und deren Einweichwasser oder dem Weglassen der Tomaten etc.
Den Teig zubereiten, ausrollen und in 1 cm breite Streifen schneiden, die auf einer bemehlten Arbeitsfläche trocknen. Die Bandnudeln kochen, bißfest abgießen und mit einem Teil der Sauce verrühren. Zusammen mit der restlichen Sauce in einem Saucentopf und geriebenem Parmesankäse servieren.

Tagliolini mit Trüffeln und Pilzen

◆

400 g Tagliolini, 300 g gemischte Pilze, 100 g schwarze Trüffeln, 200 g geschälte Tomaten, 1 Zwiebel, 1 Knoblauchzehe, Olivenöl extra vergine, Salz.

Die Pilze sehr sorgfältig putzen, dann unter fließendem Wasser abspülen, abtrocknen und in Scheiben schneiden. In einem Topf den Knoblauch und die fein geschnittene Zwiebel in einigen Esslöffeln Olivenöl andünsten, dann die Pilze hinzufügen und einige Minuten anbräunen lassen. Mit Salz abschmecken und die klein geschnittenen Tomaten beigeben und bei mittlerer Hitze garen. Die Tagliolini „al dente" kochen und abgießen. In eine vorgewärmte Schüssel geben, mit der Sauce vermengen und vor dem Servieren mit den in Lamellen geschnittenen Trüffeln garnieren.

Kartoffel-*Tortelli*

◂ Emilia Romagna ▸

Für den Teig: 500 g Mehl, 4 Eier.
Für die Füllung: 500 g Kartoffeln, 1/4 Zwiebel, 1 TL Tomatenmark, 1 Ei, 50 g Butter, 200 g geriebener Parmesan, Salz.
Als Begleitung: geriebener Parmesan, Butter.

Den Teig zubereiten. Alle Zutaten miteinander zu einem festen Teig verkneten. Die Arbeitsfläche einmehlen und den Teig mit einem Nudelholz (und/oder einer Nudel-Maschine) ganz dünn ausrollen. Die ungeschälten Kartoffeln kochen, pellen und zermusen. Die Butter in einer Kasserolle zerschmelzen lassen und die fein geschnittene Zwiebel hinzufügen. Die Zwiebel leicht anschmoren und das mit etwas heißem Wasser verdünnte Tomatenmark beigeben und das Ganze mit einigen Esslöffeln Wasser verlängern. Kurze Zeit kochen lassen, die Zwiebeln herausnehmen und die Flüssigkeit mit der Kartoffelmasse vermengen. Dann das Ei, den geriebenen Parmesan und eine Prise Salz dazugeben und unter ständigem Rühren zu einer gleichmäßigen Masse verarbeiten. Widmen Sie sich nun der Zubereitung der Tortelli: den Teig ausrollen und in lange, ca. 10 cm breite Streifen schneiden. Mit einem Nudelrad ca. 6-7 cm breite und 10 cm lange Rechtecke ausrollen. Jeweils einen Esslöffel der Füllung auf den Rechtecken verteilen. Den Teig zusammenfalten, dabei die längere Seite des Rechtecks ausnutzen und darauf achten, dass sich die Füllung in der Mitte des Tortello befindet. Den Teig, der mit der Füllung Kontakt hat zusammendrücken, um die Luftblasen zu entfernen, durch die die Tortelli sich während des Kochens öffnen könnten. Einen Topf mit gesalzenem Wasser füllen, zum Kochen bringen und die Tortelli darin 10-15 Minuten kochen lassen. Wenn die Tortelli gar sind, mit einer Schaumkelle herausholen, gut abtropfen lassen und darauf achten, dass sie nicht beschädigt werden. Die Tortelli schichtweise in einer Schüssel anrichten. Auf jede Schicht zerlassene Butter und reichlich geriebenen Parmesan geben.

Tortellini mit Ragout

◂ Emilia Romagna ▸

Für den Teig: 500 g Mehl, 4 Eier.
Für die Füllung: 150 g Rohschinken, 100 g Hühnerbrust, 100 g Schweinelende, 100 g Kalbfleisch ohne Knochen, 1 mitteldicke Scheibe Mortadella, 2 Eier, Muskatnuss, 100 g geriebener Parmesan, Butter, Salz, Pfeffer.
Als Sauce: Fleischragout

Den Teig zubereiten. Alle Zutaten zu einem festen Teig verkneten. Die Arbeitsfläche einmehlen und den Teig mit der Hilfe eines Nudelholzes (und/oder einer Nudel-Maschine) ganz dünn ausrollen.
Das Fleisch klein schneiden und in einem Topf mit etwas Butter anbräunen. Dann dem klein geschnittenen Schinken und der klein geschnittenen Mortadella beigeben und das Ganze mit den Eiern, dem geriebenen Parmesan, einer Prise Muskatnuss, Salz und Pfeffer vermengen. Den Teig dünn ausrollen und in 4-5 cm große Quadrate schneiden. Auf jedes Quadrat etwas Füllung geben und zu einem Dreieck zusammenfalten. Die Kanten gut verschließen und um den Finger wickeln. Die beiden Enden gut aneinander heften und den oberen Rand nach außen

drehen. Die Tortellini in Salzwasser oder in Fleischbrühe kochen, abgießen. Mit dem Fleischragout oder einfach nur mit etwas zerlassener Butter anrichten, die zuvor mit einigen Salbeiblättern aromatisiert wurde.

Trenette mit Pesto-Sauce

◂ *Ligurien* ▸

400 g Trenette-Nudeln, 30 Basilikumblättchen, 1 Knoblauchzehe, 1-2 Esslöffel Pinienkerne, 1 Esslöffel geriebener Schafskäse, 1 Esslöffel geriebener Parmesankäse, Olivenöl extra vergine, Salz.

Die Basilikumblättchen waschen, abtrocknen und in einem Stein-Mörser zusammen mit dem Knoblauch und den Pinienkernen zerdrücken; danach den geriebenen Käse und eine Prise Salz zugeben. Sobald eine homogene Masse entsteht, wird ihr ausreichend Öl mit dem Stößel untergerührt, bis man eine nicht zu flüssige Sauce erhält. Die Sauce gelingt auch im Mixer. Die Trenette-Nudeln in reichlich Salzwasser kochen, abgießen und mit dem Pesto verrühren, das mit zwei Esslöffeln des Nudelwassers verdünnt wurde.
Das traditionelle ligurische Rezept sieht Trofie anstelle der Trenette vor, kleine, schraubenzieherförmig um sich selbst gedrehte Nudelröllchen.

Vincisgrassi

◂ *Marken* ▸

Für den Teig: 400 g Mehl, 200 g Grieß, 5 Eier, 40 g Butter, Vinsanto, Salz.
Für die Béchamelsauce: 60 g Butter, 50 g Mehl, 6 dl Milch, Muskatnuss, Salz, Pfeffer.
Für die Sauce: 100 g Schinkenfett, 1 kleine Zwiebel, 300 g Hühnerklein, 450 g Kalbsgekröse und Kalbsknochenmark, Weißwein, 250 g Tomatenmus, 200 g Parmesankäse, Muskatnuss, Brühe nach Bedarf, Butter, Olivenöl extra vergine, Salz, Pfeffer.

Das Mehl, den Grieß, die Eier, die zerlassene Butter, etwas Salz und einen Fingerhoch Vinsanto in eine Schüssel geben. Die Zutaten durchkneten, ca. eine halbe Stunde ruhen lassen, den Teig ausrollen und in ca. 10 cm breite und 15 cm lange Streifen schneiden. In reichlich Salzwasser garen, nach der halben Kochzeit abgießen und auf Küchentücher zum Trocknen legen. Zur Zubereitung der Sauce das Schinkenfett und die gehackte Zwiebel in Öl anbraten, das fein geschnittene Hühnerklein zugeben, einige Minuten rösten und mit Weißwein ablöschen. Sobald er verdunstet ist, das Tomatenmus, Salz, Pfeffer und eine Prise Muskatnuss zugeben. Nach ca. einer viertel Stunde das in Stücke geschnittene Kalbsgekröse und das Knochenmark hinzufügen, mit Salz würzen und im zugedeckten Topf anderthalb Stunden kochen lassen (falls erforderlich, ab und zu heiße Brühe nachgießen).
In der Zwischenzeit die Béchamelsauce zubereiten: bei niedriger Hitze die Butter zerlassen, das Mehl unterrühren und nach und nach unter ständigem Rühren mit heißer Milch verdünnen. Die Sauce weiterhin unter ständigem Rühren 10 Minuten kochen lassen und kurz vor dem Abschalten mit Salz, Pfeffer und einer Prise Muskatnuss würzen. Eine Form einfetten und schichtweise Nudeln, etwas Béchamelsauce, geriebenen Parmesankäse, Sauce und einige Butterstücke einfüllen. Die Schichten

wiederholen, bis alle Zutaten aufgebraucht sind. Die letzte Schicht besteht aus Nudeln mit Béchamelsauce und geriebenem Parmesankäse. In den Ofen geben und ca. 30-40 Minuten backen.

Sizilianische Suppe

◂ *Sizilien* ▸

1 kg gemischter Suppenfisch, 1,5 l Fischbrühe, 4 in Salz eingelegte Sardellen, 15 entsteinte Oliven, 3 Knoblauchzehen, 1 Hand voll Basilikumblätter, 1 Tasse Rosinen, 1 Tasse Kapern, 1 Tasse passierte Tomaten, Olivenöl extra vergine, Salz, Pfeffer, Bauernbrot in Scheiben.

In einem Topf aus Steingut reichlich Öl mit den zerdrückten Knoblauchzehen erwärmen. Den Knoblauch herausnehmen und die passierten Tomaten hinzufügen. Die aufgeweichten Rosinen, die vom Salz befreiten Sardellenfilets (sie müssen sich auflösen lassen), die Oliven und die Kapern unterrühren. Einige Minuten kochen lassen und dann die Fischbrühe (oder Wasser) hinzugießen. Zum Kochen bringen und nach zwanzig Minuten den Fisch hinzugeben, der von der Flüssigkeit gut abgedeckt werden muss. Gegebenenfalls einige weitere Kochlöffel Brühe (oder Wasser) nachgießen. Deckel aufsetzen und weitere 20 Minuten kochen lassen. Kurz vor Ende der Kochzeit das klein gehackte Basilikum beigeben und auf den gerösteten Brotscheiben servieren.

Kichererbsensuppe

◂ *Marken* ▸

250 g Kichererbsen, 1 Zwiebel, 2 Selleriestangen, 3 Tomaten, 1 Möhre, einige Blätter Mangold, 2 Knoblauchzehen, geriebener Schafskäse, Olivenöl extra vergine, Salz, geröstete Brotschnitten.

Die Zwiebel, den Mangold, die Selleriestangen und die Möhre klein schneiden, den Knoblauch zerdrücken, die Tomaten in Stücke schneiden und alles zusammen mit den Kichererbsen, die 24 Stunden eingeweicht wurden, in einen Topf geben. 1,5 l Wasser aufgießen und ca. 2 Stunden kochen. Salzen, einen Schuss Öl zugeben und in die Teller der Gäste verteilen, in denen bereits einige geröstete Brotschnitten liegen. Die einzelnen Portionen mit geriebenem Schafskäse bestreuen.

Saubohnensuppe mit Zichorie

◂ *Apulien* ▸

6 Tassen frisch entschotete Saubohnen, 2 Bund Zichorien, 2 Zwiebeln, Basilikum, Olivenöl extra vergine, Salz.

Die Saubohnen in 1,5 l Wasser kochen, abgießen, aber dabei das Kochwasser zurückbehalten und die Hälfte der Saubohnen durch das Sieb streichen. Die Zichorien waschen, in dem Kochwasser der Saubohnen blanchieren und in Stücke schneiden. Die Zwiebeln

waschen, halbmondförmig schneiden und in einem eingefetteten Topf einige Minuten andünsten. Die Zichorie, das Saubohnenmus und etwas Kochwasser in den Topf zugeben, danach die ganzen Saubohnen unterrühren. Zum Kochen bringen und vom Herd nehmen. Mit einem Schuss Öl vermengen und mit Basilikumblättchen garnieren.

Maissuppe

◂ *Friaul-Julisch Venetien* ▸

250 g getrocknete Bohnen, 250 g Mais, 1 Möhre, 1 Zwiebel, 1 Selleriestange, 50 g Speck, Salz, Pfefferkörner.

Die Bohnen über Nacht in lauwarmem Wasser einweichen, abtropfen lassen und zusammen mit den Maiskörnern zwei Stunden kochen; gegen Ende der Kochzeit salzen. Zu der Suppe einen Bratensud aus gehackten Möhren, Zwiebel, Sellerie und Speck geben. Einige Minuten auf dem Herd lassen und abschalten. Die Suppe heiß servieren und kurz vorher mit frisch gemahlenem Pfeffer bestreuen.

Selleriesuppe

◂ *Kalabrien* ▸

600 g Sellerie, 200 g Bratwurst, 200 g Caciocavallo-Käse, 3 Eier, geriebener Schafskäse, Olivenöl extra vergine, Salz, Pfeffer, hausgemachtes Brot.

Den Sellerie waschen, in Stücke schneiden und in einem Topf mit 1,5 l Wasser, einigen Esslöffeln Öl, Salz und Pfeffer zum Kochen bringen.
Köcheln lassen, bis der Sellerie gar ist. Die Bratwurst zerbröckeln, den Caciocavallo-Käse würfeln, die Eier hartkochen, schälen und vierteln. Diese Zutaten auf die gerösteten Brotscheiben in eine Suppenschüssel geben, die Selleriesuppe darübergießen, mit geriebenem Schafskäse bestreuen und heiß servieren.

Fleischsuppe

◂ *Kampanien* ▸

1 kg Herz, Milz und Lunge vom Schwein, 1,5 l Fleischbrühe, 1 Glas Rotwein, Rosmarin, Tomatenmus, 30 g Schmalz, Olivenöl extra vergine, Salz, Cayennepfeffer, Pfeffer, geröstete Brotschnitten.

Die Schweineinnereien ca. 1 Stunde unter fließendes Wasser legen. In einem Topf Schmalz und Öl zu gleichen Teilen erhitzen, die in Stücke geschnittenen Innereien zugeben und leicht anrösten. Mit dem Rotwein ablöschen und verdampfen lassen. Alles mit dem Tomatenmus bedecken und mit Salz, Pfeffer, Cayennepfeffer und Rosmarin würzen. Die kochend heiße Fleischbrühe nach und nach dazugießen und bei niedriger Hitze ca. 1 Stunde kochen lassen. Die dampfende Suppe mit gerösteten Brotscheiben servieren.

San Lorenzo

Die Vornehmheit zu Tisch

Fleischgerichte

Alle Rezepte der italienischen Tradition

Lamm mit Kartoffeln aus dem Ofen

◂ *Latium* ▸

1 gutes ks Lammkeule und -schulter (Milchlamm), 70 g fetter und magerer Schinken, 1 kg Kartoffeln, Knoblauch, Rosmarin, Lorbeer, 1/2 Glas trockener Weißwein, Schmalz, Olivenöl extra vergine, Salz, Pfeffer.

Das Lammfleisch mit einem langen, schmalen Messer einstechen und mit einigen Knoblauchzehen, kleinen Rosmarinzweigchen und fetten und mageren Schinkenstückchen spicken. Das Fleisch mit Schmalz einreiben, salzen und pfeffern. Mit Öl und mehreren Lorbeerblättern in eine Ofenform geben; um das Fleisch herum die geschälten Kartoffeln verteilen und mit Salz, Pfeffer und einem Schuss Öl würzen. In den Ofen schieben und nach ca. einer halben Stunde das Lammfleisch mit Weißwein begießen. Während der Garzeit ab und zu die Kartoffeln drehen und das Fleisch wenden, damit nichts festbrennt. Weitere 30 Minuten garen lassen und aus dem Ofen nehmen, wenn das Lamm und die Beilage schön gebräunt sind. Das Fleisch in Stücke schneiden und servieren.

Schweinebraten

◆

1 kg Schweinelende, 1 Rosmarinzweig, 2 Knoblauchzehen, 1 Gewürznelke, Brühe, Olivenöl extra vergine, Salz, schwarzer Pfeffer.

Den Knoblauch und das Rosmarin fein hacken. Das Fleisch salzen und pfeffern. Mit Öl einreiben und die klein gehackten Kräuter und die Gewürznelke darüber streuen. Das Fleisch mit einem Faden zusammenbinden und bei mittlerer Hitze in den Backofen stellen. Das Fleisch ca. 2 Stunden braten lassen. Dabei häufig wenden, damit es gleichmäßig braun wird und falls nötig einen Schöpflöffel heiße Brühe nachgießen, wenn das Fleisch zu trocken wird. Innen muss das Fleisch weiß und weich bleiben. Es kann heiß oder kalt in dünne Scheiben geschnitten serviert werden.

Florentiner Steak

◂ *Toskana* ▸

1 Rumpsteak (ca. 600 g pro zwei Personen), Olivenöl extra vergine, Salz, Pfeffer.

Für das berühmte Florentiner Steak verwendet man ausschließlich Fleisch vom Jungrind; das Rippenstück umfasst Filet und Roastbeef und muß ca. 2 cm dick sein. Die Steaks auf einen Bratrost wenn möglich über Holzkohleglut legen; 5-6 Minuten von jeder Seite anbraten und mit Salz und Pfeffer würzen. Noch einen Augenblick auf dem Feuer lassen und sofort mit einem Schuss Olivenöl extra vergine servieren.

Gekochtes Fleischallerlei

◂ *Aostatal-Piemont* ▸

1 kg Rindfleisch, 1 korngemästetes Huhn, 500 g Kalbskopf, 500 g gepökelte Zunge, 1 Schlackwurst, 2 Zwiebeln, 2 Möhren, 1 Selleriestange, Salz.

Das Huhn mit dem Rind und dem Gemüse in einen großen Topf geben;

Wasser zugießen, salzen und bei niedriger Hitze 2 Stunden köcheln lassen. Von Zeit zu Zeit abschäumen. Getrennt werden einzeln die Schlackwurst, der Kalbskopf und die gepökelte Zunge gekocht. Das gekochte Fleisch in Scheiben schneiden und heiß servieren.
Traditionsgemäß wird das gekochte Fleisch mit folgenden Saucen serviert.

Rote Tunke

4 große, sehr reife Tomaten, 1/2 Paprikaschote, 1/2 Selleriestange, 1 Zwiebel, 1 Knoblauchzehe, 1 Bund Basilikum, 1 Bund Petersilie, 1 Zweigchen Rosmarin, 1 Chilischote, Olivenöl extra vergine, Salz.

Die Tomaten schälen, in Stücke schneiden und mit dem Gemüse, den Kräutern und einer Prise Salz in Öl dünsten. Am Ende der Kochzeit alles durch ein Sieb streichen und nochmals aufkochen. Vom Herd nehmen und mit einem Schuss Öl verrühren.

Grüne Tunke

1 Bund Petersilie, 2 Eier, 2 Sardellenfilets, 8 Kapern, Brotkrume, 1 Knoblauchzehe, Essig, Olivenöl extra vergine, Salz.

Die Petersilie, den Knoblauch, die hart gekochten Eigelbe, die Sardellenfilets, die Kapern und etwas in Essig getränkte Brotkrume fein hacken. Die verschiedenen Zutaten gut vermengen und mit Salz und Öl würzen, so dass eine weiche, homogene Sauce entsteht.

Schmorbraten mit Barolo

◂ *Aostatal-Piemont* ▸

1,5 kg Rindfleisch, 1 Stück Fett vom rohen Schinken, 2 Zwiebeln, 2 Möhren, 1 Selleriestangen, 1 Lorbeerblatt, 2-3 Salbeiblätter, 1 Zweigchen Rosmarin, 3 Gläser Barolo-Wein, Olivenöl extra vergine, Salz, Pfeffer.

Das Rindfleisch zusammen mit dem in Würfel geschnittenen Schinkenfett in Öl anbraten, Wein zugießen und die Temperatur reduzieren.
Die klein geschnittenen Zwiebeln, Möhren und die Selleriestange sowie Lorbeer, Salbei und Rosmarin zugeben. Salzen, pfeffern, einige Gläser Wasser aufgießen und ca. 2 Stunden leicht schmoren lassen. Das Fleisch in Scheiben schneiden und mit der durch das Sieb gestrichenen Bratensauce servieren.

Zicklein im Ofen

◂ *Sardinien* ▸

2 Stück Zickleinfleisch (Schulter und Rücken), 2 Knoblauchzehen, 1 Bund Petersilie, einige Basilikumblätter, einige Myrteblättchen, 2 Scheiben Speck, 1 Esslöffel Semmelbrösel, Olivenöl extra vergine, Salz, Pfeffer.

Das Ziegenfleisch salzen und pfeffern, in die Speckscheiben wickeln, auf ein ölgefettetes Blech legen und bei mäßiger Hitze circa eine halbe Stunde braten. Ab und zu die Fleischstücke wenden und mit dem Bratensaft beträufeln.
In der Zwischenzeit den Knoblauch schälen, Petersilie, Basilikum und Myrte waschen und trocknen, alles klein hacken und mit den Semmelbröseln vermengen. Das Blech aus dem Ofen holen, das Fleisch mit der Kräutermischung und dem Brot bedecken und für einige Minuten bei höherer Temperatur erneut in den Ofen geben, so dass das Fleisch Farbe annimmt. Heiß servieren.

Rehbraten

◂ *Trentino-Südtirol* ▸

1 kg Rehfleisch, 50 g Bauchspeck, 5-6 Lorbeerblätter, Rotwein, Brühe nach Bedarf, Butter, Olivenöl extra vergine, Salz, Pfeffer.
Für die Marinade: 1 l Rotwein, 5-6 Salbeiblätter, 2-3 Zweigchen Rosmarin, Thymian, 3-4 Gewürznelken.

Das Rehfleisch 24 Stunden im Rotwein mit Salbeiblättern, Rosmarin, Gewürznelken und einigen Thymianzweigchen marinieren. Danach den Bauchspeck mit etwas Öl und einem Stück Butter in einen Schmortopf geben; das Fleisch aus der Marinade nehmen, in Stücke schneiden und mit dem Speck anbraten. Salzen und pfeffern, mit etwas Rotwein beträufeln, eine Schöpfkelle Brühe aufgießen und die Lorbeerblätter zugeben. Ca. 2 Stunden langsam schmoren lassen und, wenn notwendig, weitere Brühe nachgießen.

Carpaccio mit Rucola und Zitrone

◆

600 g hauchdünn geschnittenes rohes Rinderfilet, 200 g Rucola (Rauke), 100 g gehobelter Parmesan, 2 Zitronen, Olivenöl extra vergine, Salz, Pfefferkörner.

Das Fleisch auf einem Servierteller anrichten und mit einer Sauce aus Olivenöl und Zitronensaft begießen. Salzen und mit Pfeffer aus der Mühle bestreuen. Die jungen und zarten Rucolablätter sorgfältig waschen, abtrocknen und gleichmäßig auf dem Fleisch verteilen. Mit dem gehobelten Parmesan bedecken und auftragen.

CIBREO

◂ *Toskana* ▸

200 g Hahnenkämme und Lappen, 100 g Hühnerleber und Muskelmagen, 2 Eier, 1/2 Zitrone, 1 Zwiebel, 2 Salbeiblätter, 1/2 l Brühe, 40 g Butter, Salz.

Der Cibreo ist ein traditionelles Gericht, dessen wichtigste Zutat Hühnerklein ist. Das Gericht kann auch mit Gemüse begleitet werden. Zum Beispiel mit Zucchini, Karotten oder Bohnen. Dabei bräuchte man für das hier angegebene Rezept von jeder Gemüseart ca. 50 g.

Die Kämme und Lappen putzen und kochen, vor dem Häuten eine halbe Stunde kochen lassen. In der Zwischenzeit die Zwiebel klein schneiden und mit der Butter und dem Salbei in einem großen Topf andünsten. Wenn die Zwiebeln gelbbraun sind, die Kämme und Lappen dazugeben und mit der heißen Brühe verlängern. Wer möchte, kann jetzt auch das klein geschnittene Gemüse hinzufügen. Ca. 20 Minuten kochen lassen, bevor auch die gereinigten und geschnittenen Muskelmagen und die Leber dazugegeben werden. In der Zwischenzeit das Eigelb vom Eiweiß trennen und das Eigelb mit dem Zitronensaft vermischen. Nach 10 Minuten den Herd abstellen das Eigelb über das Fleisch gießen und sofort kräftig umrühren. Mit Salz abschmecken und noch einmal kurz 2 Minuten ohne Kochen auf dem Herd erwärmen.

WILDSCHWEIN NACH JÄGERART

◂ *Sardinien* ▸

1 kg Wildschweinfleisch, 100 g roher Schinken in dünnen Scheiben, 1 Zwiebel, Sellerie, Petersilie, Essig, 1 Glas Weißwein, Brühe nach Bedarf, Butter, Salz, Pfeffer.

Das Wildschweinfleisch mindestens eine halbe Stunde in Essig legen; das Fleisch abtropfen lassen, mit dünnen Schinkenscheiben belegen und mit Bindfaden umwickeln. Butter in einen Topf geben und das Fleisch darin anbraten; salzen, pfeffern und weitergaren, dabei das Wildschweinfleisch ab und zu wenden. Den klein geschnittenen Sellerie und die Zwiebel, einen Bund Petersilie, den Weißwein und die Brühe zugeben. Bei niedriger Hitze ca. 1 Stunde kochen und die Sauce vor dem Servieren einkochen.

OCHSENSCHWANZ IN TOMATENSAUCE

◂ *Latium* ▸

1 kg Ochsenschwanz, 1 Stück Ochsenwange, 200 g reife, feste Tomaten, 1 Zwiebel, 1 Möhre, 1 Selleriestange, 1 Knoblauchzehe, 1 Handvoll Pinienkerne, 50 g Speck, 1/2 Glas Rotwein, 1/2 Glas Olivenöl extra vergine, Salz, Pfeffer.

In einem Schmortopf den Speck, die

Zwiebel, die Möhre, den Knoblauch und ein wenig Petersilie dünsten. Den Ochsenschwanz und die -wange waschen, in Stücke schneiden und in den Topf geben. Salzen, pfeffern und den Wein zugießen. Das Fleisch gleichmäßig anbraten und die zuvor geschälten, entkernten und klein geschnittenen Tomaten zufügen. Bei niedrigster Hitze den zugedeckten Topf 4-5 Stunden auf dem Herd lassen und einige Kellen heißes Salzwasser zugießen, damit die Sauce nicht zu stark einkocht. Wenn sich das Fleisch vom Knochen löst, den gesäuberten, in fingerlange Stücke geschnittenen Sellerie und die Pinienkerne unterrühren. Das Fleisch weitere 20 Minuten kochen und sehr heiß servieren. Die ältere Rezeptversion sieht die Zugabe von etwas bitterem Kakaopulver vor.

Kaninchen nach Jägerart

◂ *Aostatal* ▸

1 Kaninchen, 2 Zwiebeln, 1 große reife Tomate, 2 Knoblauchzehen, 1 Rosmarinzweig, 1/2 l Weißweinessig, trockener Weißwein (so viel wie nötig), Olivenöl extra vergine, Salz.

Das Kaninchen in nicht zu kleine Stücke schneiden und eine Stunde in Wasser und Essig ziehen lassen. Danach gut abtropfen lassen und die Stücke mit einem Tuch abtrocknen. Zusammen mit dem Olivenöl und den Knoblauchzehen in einen Topf geben und das Fleisch von allen Seiten schmoren, bis es schön braun wird und etwas Weißwein hinzugeben. Den Wein verdampfen lassen, dann die Kaninchenstücke herausnehmen. Die gehackten Zwiebeln und den Rosmarin

in den Topf geben. Wenn die Zwiebeln angebräunt sind, das Fleisch wieder zurück in den Topf legen, salzen und jetzt auch die grob geschnittenen Tomaten dazugeben.
Noch etwas Wein und Wasser nachgießen und bei mittlerer Hitze kochen lassen. Als Beilage empfehlen wir heiße Polenta und rohes Gemüse der Jahreszeit.

Frittierte Lammrippchen

◆

8 Lammrippchen, 2 Eier, Paniermehl, Olivenöl, Salz.

Die Rippchen schön flach klopfen und in den leicht gesalzenen zerquirlten Eiern und anschließend im Paniermehl wenden. Im brodelnden Öl frittieren und ab und zu umrühren, bis sie gelbbraun sind. Dann gut abtropfen lassen, salzen und die Rippchen schön heiß servieren.

Cotechino mit Wirsingkohl

◂ *Emilia Romagna* ▸

1 (800 g) Cotechino (Kochwurst aus Schweinefleisch), 1 kg Wirsingkohl, 1 große Zwiebel, 1/2 Glas Essig, 1 EL Tomatenmark, 100 g Speck, 30 g Butter, 2 EL Olivenöl extra vergine.

Den Cotechino vor dem Kochen mit einer Gabel oder einem Zahnstocher einstechen und in ein weißes Tuch einwickeln, das am Ende zusammengebunden wird. Den Cotechino auch der Länge nach mit einem Faden umwickeln. Kaltes Wasser in einen Kochtopf füllen, den Cotechino hineingeben, zum Kochen bringen. Die Hitze herabsetzen und ca. 3 Stunden kochen lassen.
In der Zwischenzeit die Zwiebel schälen und klein schneiden, den Wirsingkohl waschen und in schmale Streifen schneiden und in einem großen Topf mit der Butter, dem Olivenöl und dem klein geschnittenen Speck schmoren. Sobald die Zwiebel angebräunt ist, das Tomatenmark mit einem Glas heißem Wasser verdünnen und in den Topf gießen. Essig und den geschnittenen Wirsingkohl hinzugeben und bei schwacher Hitze etwa eine Stunde kochen lassen, bis der Kohl die Sauce gut aufgesaugt hat. Wenn der Cotechino gar ist, sofort aus dem Wasser nehmen und gut abkühlen lassen, damit man ihn schneiden kann, ohne dass er beschädigt wird. Den Cotechino in Scheiben schneiden und bei schwacher Hitze in die Wirsingkohlsauce geben, vorsichtig umrühren, damit die Scheiben ganz bleiben.

Schnitzel *alla bolognese*

◂ *Emilia Romagna* ▸

4 Scheiben Kalbsnuss, 4 Scheiben Rohschinken, 1 Ei, passierte Tomaten, Paniermehl, Parmesan, Butter, Salz.

Das Kalbsfleisch mit dem Fleischklopfer etwas flach klopfen. Das Ei mit etwas Salz verquirlen. Die Fleischscheiben erst im Ei und dann im Paniermehl wenden. In einem Schmortopf die Butter schmelzen, die Schnitzel hineinlegen und von beiden Seiten kurz goldbraun braten. Eine Scheibe Rohschinken, gehobelten Parmesan und etwas pürierte Tomaten auf jedes Schnitzel geben. Deckel aufset-

zen und bei niedrigster Hizte kochen lassen. Wenn der Käse geschmolzen ist, sind die Schnitzel fertig.

Fasan mit Pilzen und Zwiebeln

Aostatal-Piemont

1 Fasan, 200 g frische Pilze, 12 weiße, flache Zwiebelchen, 100 g Bauchspeck, 1/2 Glas Kognak, Brühe nach Bedarf, 100 g Butter, Salz, Pfeffer, geröstete Brotschnitten.

Den Fasan rupfen, säubern, vierteln und die Stücke in Speckscheiben wickeln. Das Fleisch in einer Pfanne in Butter von beiden Seiten anbraten.
Den Kognak zugießen, verdampfen lassen und eine Schöpfkelle Brühe nachgießen.
Weitergaren, salzen, pfeffern und falls erforderlich weitere Brühe zugießen.
Die Zwiebelchen bissfest kochen; die Pilze säubern, klein schneiden und 20 Minuten vor Ende der Kochzeit zu dem Fasan geben. Mit gerösteten Brotschnitten servieren.

Falsomagro

Sizilien

1 Scheibe Rindfleisch (ca. 800 g), 150 g mageres Schweinehackfleisch, 2 Bratwürste, 3 Scheiben Bauchspeck, 2 Eier, 1 Zwiebel, 1 Knoblauchzehe, 50 g frischer Schafskäse, Rotwein, Brühe nach Bedarf, Olivenöl extra vergine, Salz, Pfeffer.

Die Eier 8 Minuten hart kochen und schälen. Für die Bratenfüllung das Hackfleisch mit den enthäuteten Bratwürsten vermengen. Das Fleisch 10 Minuten in wenig Öl anbraten und eine halbe in Scheiben geschnittene Zwiebel zufügen. Die Rindfleischscheibe gut ausbreiten und das geröstete Hackfleisch, die Speckscheiben, die Eierscheiben, die Schafskäsestückchen und die gehackte Knoblauchzehe darauf verteilen. Leicht salzen und pfeffern, das gefüllte Fleisch aufrollen und mit einem Faden umwickeln. In einen Schmortopf Öl und die restliche, in Scheiben geschnittene Zwiebel geben; den gefüllten Braten rösten, den Rotwein übergießen und verdampfen lassen. Die Temperatur herunterdrehen und ca. 1 Stunde weiterkochen, dabei ab und zu etwas Brühe nachgießen.

Kalbsleber nach venezianischer Art

◂ *Venetien* ▸

700 g Kalbsleber, 700 g weiße Zwiebeln, Milch oder Essig, Petersilie, Butter, Olivenöl extra vergine, Salz.

Die in Streifen geschnittene Leber mindestens 1 Stunde in Milch (oder in Wasser mit Essig) marinieren.
Die Zwiebel fein schneiden und langsam in Butter und Öl glasig dünsten. Die Leberstreifen abtropfen lassen, zu den Zwiebeln geben und bei kräftiger Hitze braten. Gegen Ende der Garzeit salzen, mit gehackter Petersilie bestreuen und servieren.

Filet mit grünem Pfeffer

4 Scheiben (2,5 cm dick) Rinderfilet, 3 EL grüne Pfefferkörner, 1 Knoblauchzehe, 4 Esslöffel süßer Senf, 4 Esslöffel flüssige Sahne, 1/2 Glas Olivenöl extra vergine, Salz.

Bevor das Fleisch zubereitet wird, die leicht zerquetschten Pfefferkörner einen Tag lang im Olivenöl ziehen lassen. Zwei Stunden vor dem Braten, einen Teil des Öls filtrieren und von den Pfefferkörnern befreien und damit das mit Knoblauch eingeriebene Fleisch marinieren. In der Zwischenzeit die Sauce zubereiten: in einer kleinen Schüssel einen EL grünen Pfeffer und etwas Olivenöl sorgfältig mit dem Senf und der leicht geschlagenen Sahne vermischen. Die Filets erst kurz vor dem Servieren braten (Kochzeit je nachdem, wie durchgebraten Sie das Fleisch möchten), nachdem die Marinade abgetropft ist. Salzen und mit der Sauce auf vorgewärmten Tellern anrichten und mit den restlichen grünen Pfefferkörnern garnieren.

Finanziera

◂ *Aostatal-Piemont* ▸

150 g Kalbsgekröse, 100 g Hackfleisch, 100 g Kalbsfilet, 100 g Rückenstück, 100 g Hirn, 50 g Hühnerleber, 50 g Schweineleber, 50 g Hahnenkamm, 50 g Niere, 50 g entschotete Erbsen, 100 g Steinpilze (in Öl), 60 g Butter, 1 Glas Barolo-Wein, 1 Tasse Brühe, 1 Esslöffel Essig, 2 Esslöffel Marsala, Mehl, Salz, Pfeffer.

Das Kalbsfilet in Streifen und die Niere in Stücke schneiden, in der Butter anbraten, etwas Brühe zugießen, salzen und pfeffern. Kleine Hackfleischbällchen formen und das Rückenstück in ca. 3 cm große Stücke schneiden. Das Hirn, die Leber, das Kalbsgekröse, die Hühner und Schweineleber sowie die Hahnenkämme ebenfalls klein schneiden, in Mehl wenden und in Butter langsam anbraten. Zum Schluss die entschoteten Erbsen und die in dünne

Scheiben geschnittenen Steinpilze zugeben. Ist alles gar, die beiden Fleischzubereitungen miteinander vermengen, den Barolo zugießen und einkochen lassen. Kurz vor dem Servieren mit Essig und Marsala bespritzen, gut umrühren und auf einem schönen Servierteller anrichten.

Käsefondue

◂ *Aostatal-Piemont* ▸

300 g Fontina-Käse, 4 Eier, Milch nach Bedarf, 50 g Butter, Salz, Pfefferkörner, geröstete Brotschnitten.

Den Fontina-Käse würfeln, in einer Schüssel mit Milch bedecken und eine Nacht ruhen lassen. Am nächsten Tag in einem Topf die Butter mit ein wenig Milch und dem Fontina-Käse unter ständigem Rühren im Wasserbad erhitzen, bis der Käse vollständig geschmolzen ist. Vom Herd nehmen, nach und nach die Eigelbe, Salz und reichlich frisch gemahlenen Pfeffer unterrühren. Erneut im Wasserbad erhitzen, ohne dass die Masse zu kochen beginnt.
Sobald alles eine einheitlich dickflüssige Creme ist, den Herd abschalten und das Fondue in warmen Tellern mit leicht gerösteten Brotstücken servieren.

Frittiertes Allerlei nach Piemonteser Art

◂ *Aostatal-Piemont* ▸

300 g Bratwurst, 300 g Leber, 300 g Lunge, 300 g Kalbsfilet, 100 g Hirn, 2 Äpfel, 6 Möhren, 3 Kartoffeln, 6 Makronen, 200 g Grieß, 1/2 l Milch, 100 g Zucker, geriebene Zitronenschale, 2 Eier, Semmelbrösel, Mehl, Olivenöl, Salz.

Alle Zutaten des Allerleis vorbereiten. Bei schwacher Hitze den Grieß mit Milch, Zucker und Zitronenschale verrühren, bis ein dickflüssiger, cremeartiger Teig entsteht. Den Brei auf eine Marmorplatte kippen, erkalten lassen und in Rauten schneiden. In etwas Öl die in Stücke geschnittene Bratwurst rösten. Hirn, Leber und Lunge säubern und in Scheiben schneiden. Die Äpfel schälen und ebenfalls in Scheiben schneiden, wie auch die Möhren und die geschälten Kartoffeln.
Sind alle Zutaten samt Kalbsfiletstücken und Makronen zubereitet, alles mit Mehl bestäuben, im geschlagenen Ei wenden, in den Semmelbröseln wälzen und in kochend heißem Öl ausbacken. Zum Abtropfen des überschüssigen Öls die Stücke auf Küchenpapier legen, mit Salz bestreuen und heiß servieren.

Gulasch

◂ *Friaul-Julisch Venetien* ▸

800 g Muskelfleisch vom Rind, 2 große Zwiebeln, 2 Knoblauchzehen, 2 Esslöffel Paprika, 1 Lorbeerblatt, 1 Teelöffel Kümmelsamen, 1/2 Teelöffel Majoranblättchen, 1 Zitrone, 1 Glas Rotwein, 1 Glas Weinessig, 4 Esslöffel Schmalz, 1 Esslöffel Butter, Salz.

Das Schmalz in einem Topf mit schwerem Boden erhitzen, die in dünne Ringe geschnittenen Zwiebeln zugeben und dünsten; die Zwiebelringe im Topf an den Rand schieben und in der Mitte das in nicht zu große Stücke geschnittene Fleisch anbraten. Das Fleisch mit den Zwiebeln verrühren und weiterrösten, bis sich auf dem Topfboden eine dünne, goldbraune Schicht bildet. Mit

Wein und Essig ablöschen, ein wenig der Flüssigkeit verdampfen lassen, salzen, Paprikapulver einstreuen, mit einem Glas Wasser verdünnen und bei mäßiger Hitze ca. anderthalb Stunden schmoren. Die Kräuter fein hacken, mit der weichen Butter vermengen und zusammen mit der Zitronenschale und dem Zitronensaft zum Gulasch geben. Vor dem Servieren noch kurz auf dem Herd durchziehen lassen.

Pilz-Rouladen

16 hauchdünne Scheiben Rinderhaxe, 8 Champignons, 1 Ei, Knoblauch, Petersilie, Mehl, Öl zum Frittieren, Salz, Pfeffer.

Für das Gelingen dieses Gerichts ist die Dicke der Fleischscheiben ausschlaggebend. Die acht Fleischscheiben in die Länge ziehen und auf die Mitte jeder Scheibe einen in Scheiben geschnittenen rohen Pilz, eine Prise Petersilie und etwas klein gehackten Knoblauch geben. Salzen und pfeffern. Auf die auf diese Weise angerichteten Fleischscheiben die restlichen acht Scheiben legen. Die doppelt gelegten Scheiben zu Rouladen rollen, erst im Mehl und dann im verquirlten Eiweiß wenden.
Ausreichend Olivenöl erhitzen und wenn es zu dampfen beginnt, die Rouladen einige Minuten darin schmoren. Rouladen herausnehmen, auf Küchenpapier abtropfen lassen und dann servieren.

Hase nach Jägerart

◂ *Umbrien* ▸

1 Hase, 50 g fetter und magerer Schinken, 1 Zwiebel, 2 Sardellen, Rosmarin, Kapern, 1/2 Glas Weißwein, Essig, Olivenöl extra vergine, Salz, Pfeffer, Cayennepfeffer.

Den Hasen säubern, zerlegen und mit Essig waschen. Das Fleisch in eine beschichtete Pfanne legen und bei niedriger Hitze ohne Zutaten trocknen. In einem Schmortopf im Öl die gehackte Zwiebel und den zerkleinerten Schinken anbraten, die Hasenstücke zugeben, salzen und pfeffern. Während das Fleisch brät, die entgräteten Sardellen, den Rosmarin und zwei Esslöffel Kapern klein hacken und zu dem Hase geben. Etwas Öl und Weißwein zugießen und mit einer Prise Cayennepfeffer würzen. Wenn der Wein verdunstet ist, den Topf verschließen und langsam ca. 2 Stunden garen lassen.

Hase in süss-saurer Sauce

◂ *Friaul-Julisch Venetien* ▸

1 Hase, 100 g Bauchspeck, 1 Zwiebel, 2 Möhren, 400 g Tomaten, 1/2 Zitrone, 1 Esslöffel Zucker,

Zimt, 1 Hand voll Pinienkerne, Rosinen, Maismehl, 1/2 Glas Rotwein, Brühe nach Bedarf, Olivenöl extra vergine, Salz, Pfeffer.

Den Hasen säubern, zerlegen und in etwas Öl mit dem gewürfelten Bauchspeck, der gehackten Zwiebel und der Möhre rösten. Sobald alles gebräunt ist, mit einer guten Hand voll Maismehl bestreuen und verrühren. Mit Rotwein ablöschen und sobald dieser verdunstet ist, den Zucker, die zerkleinerten Tomaten, Zimt, Pinienkerne, ein paar Rosinen (15 Minuten in lauwarmem Wasser eingeweicht und ausgedrückt), die geriebene Zitronenschale, Salz und Pfeffer zugeben. Kurz weiterbraten, dann Brühe aufgießen und langsam köcheln. Zusammen mit heißer Polenta servieren.

HASE IN *SALMÌ*

◂ *Aostatal / Lombardei* ▸

1 Hase mit seiner Leber, 1 Zwiebel, 1 Karotte, 1 Stange Sellerie, 1 Knoblauchzehe, 1 Birne, 1 Zitrone, 4 Walnüsse, 1 Esslöffel Wacholderbeeren, 2 Gewürznelken, 1 Rosmarinzweig, Salbei, 1 l Rotwein, 50 g Butter, 50 g Speck, Salz, Pfefferkörner.

Den Hasen putzen und in Stücke schneiden. 2-3 Tage in einer Marinade aus Rotwein, Sellerie, Karotten und der fein geschnittenen Zwiebel, dem zerdrückten Knoblauch, den in Scheiben geschnittenen Birnen, den Walnüssen, den Wacholderbeeren, den Gewürznelken, einigen Pfefferkörnern, der Zitronenschale, dem Salbei, dem Rosmarin und Salz marinieren lassen. Wenn die Zeit um ist, das Fleisch aus der Marinade nehmen und abtropfen lassen. In einer Pfanne etwas Butter mit dem fein gehackten Speck erwärmen und die Fleischstücke darin schmoren. Wenn das Fleisch ausreichend angebräunt ist, das Gemüse beigeben. Nach und nach den Wein der Marinade hinzufügen und weiter kochen lassen. Das Gemüse, wenn es gar ist, aus der Pfanne herausholen und durch ein Sieb passieren und dann in die Fleischpfanne zurückgeben. Nun die durch ein Sieb passierte Leber hinzufügen. Falls nötig mit etwas Wein oder Wasser verlängern und kurz vor Ende der Kochzeit salzen. Mit Buchweizenpolenta auftragen.

Ossobuco nach Mailänder Art

◂ *Lombardei* ▸

4 Kalbshaxenscheiben, 1 kleine Zwiebel, Weißmehl, 1 Zitrone, Petersilie, 1 Knoblauchzehe, 1 Sardelle (in Öl), trockener Weißwein, Brühe oder Wasser nach Bedarf, 150 g Butter, Salz, Pfeffer.

Die Kalbshaxenscheiben sorgfältig im Mehl wenden und in der Butter anbraten; salzen, pfeffern und mit etwas Weißwein ablöschen. Wenn der Wein verdampft ist, ausreichend heiße Brühe (oder Wasser) aufgießen, ca. 1 Stunde kochen lassen. Ca. 10 Minuten vor dem Abschalten die gehackte Petersilie, die geriebene Zitronenschale (nur den gelben Teil), Knoblauch, die Zwiebel und die entgrätete, gewaschene Sardelle zugeben. Kurz weitergaren, dabei die Haxenscheiben wenden und zusammen mit einem guten Safran-Risotto servieren.

Pferdeschmorbraten

◂ *Venetien* ▸

1 kg Fohlenfleisch, 1 kg Zwiebeln, ca. 1 l trockener Rotwein, 3 Möhren, 2 Lorbeerblätter, 4 Gewürznelken, Paprika, 1 nussgroßes Stück Butter, Olivenöl extra vergine, Salz, Pfeffer.

Dieses typische Gericht ist ein äußerst schmackhafter Fohlenschmorbraten, der um so besser schmeckt, je länger die Garzeit dauert. Das Gemüse fein hacken und in einem Topf mit etwas Öl oder Butter andünsten, das in Stücke geschnittene Fleisch zugeben und einige Minuten anbraten; den Wein zugießen, salzen, pfeffern und langsam weitergaren. Das Gericht wird serviert, wenn das Fleisch sich aufzulösen beginnt und das Gemüse breiartig zerkocht ist. Zusammen mit einer nicht zu festen, heißen Polenta servieren.

Hähnchenbrust mit Trüffeln

◆

4 Stücke Hähnchenbrust, 1 mittelgroße schwarze Trüffel, 80 g Rohschinken, 80 g Fontina (Weichkäse), 1 kleine Zwiebel, Mehl, Brühe so viel Sie brauchen, 1 Glas trockener Sherry, 30 g Butter, Olivenöl extra vergine, Salz.

Mit einem scharfen Messer die Hähnchenbrust halb aufschneiden, so dass kleine „Taschen" entstehen. Mit dem Fleischklopfer flach klopfen, salzen und leicht einmehlen. In jede der Taschen jeweils 2 Scheiben des zurechtgeschnittenen Schinkens, eine Scheibe Fontina und eine Trüffellamelle hineinlegen. Die Fleischtaschen verschließen und mit einem Faden zunähen oder am Rand mit einem Zahnstocher aus Holz feststecken. In einem Schmortopf die Butter und zwei Esslöffel Olivenöl erhitzen und die fein gehackte Zwiebel darin andünsten. Wenn die Zwiebel weich zu werden beginnt, die Hähnchenbrust hinzugeben und von beiden Seiten schmoren. Mit dem Sherry ablöschen, verdampfen lassen und zum Kochen bringen.

Die Sauce dazu mit etwas Brühe verlängern. Die gefüllte Hähnchenbrust mit einem Salat der Jahreszeit, oder einer Beilage auf Trüffelbasis servieren.

Geschmorte Tauben

◂ *Umbrien* ▸

2 Tauben, 1 Zwiebel, 1 Möhre, 1 Selleriestange, 1 Knoblauchzehe, Petersilie, Salbei, Rosmarin, Lorbeer, 1 Sardelle, Weißwein, Essig, Olivenöl extra vergine, Salz, Pfeffer, geröstete Brotschnitten.

Die Tauben säubern, waschen und zerlegen. Zusammen mit der gehackten Zwiebel, der Möhre, dem Sellerie, Petersilie und einem Schuss Öl in einem Topf anbraten. Einige Salbeiblätter und zerkleinerten Rosmarin zugeben, zwei fingerhoch Weißwein und ebenso viel Essig aufgießen. Salzen, pfeffern und ca. 1 Stunde kochen lassen.
Die Tauben aus dem Topf nehmen und die Bratensauce durch ein Sieb streichen; danach die entgrätete, gehackte Sardelle, die zerdrückte Knoblauchzehe und etwas Essig unterrühren. Die Tauben erneut in die Sauce legen und einige Minuten bei niedriger Hitze durchziehen lassen. Mit gerösteten Brotstücken servieren.

Gefüllte Tauben

◂ *Basilikata* ▸

2 Tauben, 2 breite, nicht zu dünne Scheiben roher Schinken, 1/2 Glas Weißwein, 1 Esslöffel Schmalz.
Für die Füllung: Taubeninnereien, 1 Ei, 1 Knoblauchzehe, Rosmarin, 2-3 Esslöffel Semmelbrösel, Olivenöl extra vergine, Salz, Pfeffer.
Die Tauben rupfen und säubern, dabei die Innereien aufbewahren; salzen und pfeffern. Die Innereien zerschneiden, mit den Semmelbröseln, etwas Rosmarin, dem gehackten Knoblauch und einem Schuss Öl vermengen und anbraten. Zum Schluss auch das Eigelb einarbeiten. Gut vermengen und salzen. Abschalten und abkühlen lassen, danach mit der Masse die Tauben füllen, die Öffnung zunähen und die Tauben in die Schinkenscheiben wickeln.
Das Schmalz auf dem Herd in einer Ofenform auslassen und die Tauben gleichmäßig darin anbraten. Den Weißwein aufgießen und nach wenigen Minuten in den Ofen schieben. Ab und zu das Fleisch wenden und, falls erforderlich, etwas heißes Salzwasser übergießen; 30-45 Minuten braten.

Polenta *pasticciata*

◂ *Friaul-Julisch Venetien* ▸

200 g feines Maismehl, 50 g grobes Maismehl, 200 g Hammelfleisch, 1/2 Hähnchen, 300 g in Scheiben geschnittenes Schweinefleisch, 1 Taube, 2 Bratwürste, 1 Zwiebel, 1 Möhre, Thymian, Salbei, Rosmarin, 1 Glas Rotwein, Brühe nach Bedarf, Milch, 2 Esslöffel Mehl, Essig, Butter, Olivenöl extra vergine, Salz.
Einige Tage vorher bereits das Hammel-

fleisch an einem kühlen Platz in Essigwasser marinieren. Danach das Hammelfleisch waschen und in einem Topf in Öl und Butter mit gehackter Zwiebel, Möhre, Thymian, Salbei und Rosmarin anbraten. Die anderen Fleischsorten zugeben, mit Rotwein ablöschen, wenn dieser verdampft ist, ein Glas Brühe aufgießen und ca. 1 Stunde leise köcheln lassen.
In der Zwischenzeit eine weiche Polenta mit dem groben und dem feinen Maismehl zubereiten, das in Wasser und Milch gekocht wird. Sobald der Maisbrei gar ist, auf ein Arbeitsbrett kippen, abkühlen lassen und in Scheiben schneiden. Eine Auflaufform einfetten, die Polentascheiben schichten und mit dem gekochten, entbeinten und zerschnittenen Fleisch bedecken. In einem Topf zwei Esslöffel Butter schmelzen, das Mehl zugeben und toasten. Mit dem gefilterten Kochsaft des Fleisches verdünnen und wenn die Masse eine cremige Konsistenz annimmt, über das Fleisch und die Polenta verteilen. 10 Minuten im Ofen überbacken und servieren.

POLENTA *TARAGNA*

◂ *Lombardei* ▸

400 g Buchweizenmehl, 50 g Butter, 300 g schmelzbarer Weichkäse (Fontina, Taleggio oder Bitto), Salz.

Die Polenta mit dem Buchweizenmehl zubereiten (je nach Geschmack mit Maismehl vermischt). Am Ende der Kochzeit vom Herd nehmen, die klein geschnittene Butter und die Käsestreifen zugeben und nochmals unter ständigem Rühren auf den Herd stellen. Sobald alle Zutaten gut vermengt sind, heiß servieren. In einigen Rezeptversionen wird direkt vor dem Servieren etwas Trüffel aufgerieben.

HUHN NACH TEUFELSART

◆

1 großes Huhn, einige Scheiben Rohschinken, 1 große Scheibe Bauchspeck, Rosmarin, 1 Glas Weißwein, Brühe so viel Sie brauchen, Olivenöl extra vergine, Salz, Pfeffer.

Das Huhn von den Innereien befreien, den Kopf und die Füße entfernen und sorgfältig unter fließendem Wasser abspülen, dann abtrocknen. Den Speck in Stücke schneiden und das Huhn damit füllen, mit Salz und Pfeffer würzen. Das Huhn auch von außen salzen und dann in einem großen Schmortopf mit Olivenöl und einem Rosmarinzweig schmoren. Deckel aufsetzen, das Huhn ab und zu wenden und, falls es am Boden anhaftet, mit etwas Brühe übergießen. Wenn das Huhn fast gar ist, mit dem Rohschinken bedecken und mit dem Wein begießen. Den Wein verdampfen lassen, noch etwas salzen und pfeffern und dann servieren.

KALBSSCHNITZEL MIT SCHINKEN UND SALBEI

◂ *Latium* ▸

12 kleine Kalbsschnitzel, 200 g roher Schinken, Salbei, trockener Weißwein, Olivenöl extra vergine, Salz, Pfeffer.

Die Schnitzel leicht salzen und pfeffern, auf jedes eine Scheibe rohen Schinken und ein Salbeiblatt legen, aufrollen und mit einem Zahnstocher feststecken. Das Fleisch in einer Pfanne mit etwas Öl anbraten und nach einigen Minuten mit Weißwein übergießen. Die Rouladen mit ihrem Bratensaft servieren.

Kalbsschnitzel mit Zitrone

400 g Kalbsfleisch in Scheiben, 2 Zitronen, glatte Petersilie, Olivenöl extra vergine, Salz, Pfeffer.

Auf einem tiefen Teller einen Esslöffel Olivenöl mit dem Zitronensaft und dem Pfeffer verrühren. Dann die leicht flach geklopften Fleischscheiben darin mindestens 30 Minuten marinieren und hin und wieder wenden. Eine große Pfanne mit einigen Esslöffeln Olivenöl aufsetzen und das Kalbsfleisch von beiden Seiten schmoren. Danach auf einen vorgewärmten Servierteller geben und warm halten. Die Pfanne wieder zurück auf den Herd stellen und zum eventuellen Saucenfond die Marinierflüssigkeit und den restlichen Zitronensaft beigeben, salzen und pfeffern. Umrühren und die Sauce erhitzen. Die Sauce über die Kalbsschnitzel gießen, mit gehackter Petersilie und geriebener Zitronenschale (nur das Gelbe) bestreuen und servieren.

Toskanischer Schmorbraten

Toskana

800 g knochenloses Rindfleisch, 3 Knoblauchzehen, Rosmarin, Tomatenmark, 1/2 Glas Rotwein, Brühe (nach Wunsch), Olivenöl extra vergine, Salz, Pfeffer, Bauernbrot (Weißbrot) in Scheiben.

Die Knoblauchzehen in einer Kasserolle in Olivenöl goldbraun werden lassen, dann herausnehmen. Das Fleisch hineingeben und mit Rosmarin, Salz und Pfeffer würzen. Einige Minuten schmoren lassen, dann mit dem Rotwein ablöschen. Wenn der Wein verdampft ist, etwas Tomatenfruchtfleisch hinzugeben. Deckel aufsetzen und etwa zwei Stunden bei schwacher Hitze langsam kochen lassen. Falls nötig etwas heiße Brühe nachgießen. Das Fleischstück ab und zu umdrehen. Geröstete Brotscheiben auf einer Fleischplatte anrichten, die Fleischscheiben darauf verteilen und servieren.

Kutteln

Toskana

1,5 kg Kalbskutteln, 300 g geschälte Tomaten, 100 g Speck, 1 Stange Sellerie, 1 Zwiebel, 1 Karotte, Lorbeer, 1 Glas Weißwein, Brühe so viel Sie brauchen, 50 g Butter, Olivenöl extra vergine, Salz, Pfeffer.

Die Kutteln sorgfältig unter fließendem warmen Wasser waschen und dann circa eine halbe Stunde in Salzwasser kochen. Den Sellerie, die Zwiebel, die Karotte, den Speck und ein paar Lorbeerblätter klein schneiden. Olivenöl

in einen Topf geben und die klein geschnittenen Zutaten andünsten. Die Butter, den Wein, die Tomaten, Salz und Pfeffer hinzufügen.
Wenn die Sauce Konsistenz annimmt, die abgetropften Kutteln beigeben. Gut umrühren und bei schwacher Hitze weiter kochen, bis die Kutteln schön zart sind. Während des Kochens ab und zu etwas heiße Brühe nachgießen, damit die Speise nicht am Topfboden anhaftet.

Kalbsfrikassee

800 g Kalbsbrust in Stücken, 1 Zwiebel, 1 Knoblauchzehe, glatte Petersilie oder Basilikum, 2 Eier, 1 Zitrone, Mehl, Weißwein, Butter, Olivenöl extra vergine, Salz.

Die Knoblauchzehe und die in Scheiben geschnittene Zwiebel in einer Kasserolle mit dem Olivenöl und der Butter andünsten. Die Knoblauchzehe kurz bevor sie braun wird herausnehmen und die eingemehlten Kalbsfleischstücke hinzugeben. Das Fleisch bei starker Hitze anbräunen, dann mit dem Wein ablöschen und verdampfen lassen.
Salzen und zwei oder drei Gläser heißes Wasser hinzufügen und bei schwacher Hitze so lange kochen, bis das Fleisch zart geworden ist. Falls die Sauce zu trocken ist, noch etwas Wasser oder heiße Brühe nachgießen.
Die zwei Eigelbe zusammen mit dem Zitronensaft zerquirlen und langsam unter die Fleischsauce rühren, bis sie cremig wird.
Nach Belieben etwas klein gehackte Petersilie oder Basilikum darüber streuen und das Fleisch heiß servieren.

Kalbfleisch mit Thunfischsauce

◂ *Aostatal-Piemont* ▸

1 kg mageres Kalbfleisch, 1 Möhre, 1 Zwiebel, 1 Selleriestange, 1 Lorbeerblatt, 200 g Thunfisch in Öl, 4 Sardellen, 2-3 Esslöffel Kapern, 2 hart gekochte Eier, 1 Zitrone, 1 Esslöffel Essig, Olivenöl extra vergine, Salz.

In Salzwasser das Kalbfleisch zusammen mit der Möhre, der Zwiebel, Sellerie, Lorbeer und Essig circa anderthalb Stunden kochen. Wenn das Fleisch gar ist, in der Brühe abkühlen lassen, abtropfen und in dünne Scheiben schneiden. In der Zwischenzeit den Thunfisch, die Sardellen, Kapern und die harten Eigelbe fein hacken (besser im Mixer); das Ganze mit etwas Öl, Zitronensaft und, falls erforderlich, etwas Brühe vermengen. Die Fleischscheiben auf einem schönen Servierteller anrichten und die Sauce darauf verteilen. Einige Stunden an einem kühlen Platz durchziehen lassen und servieren.

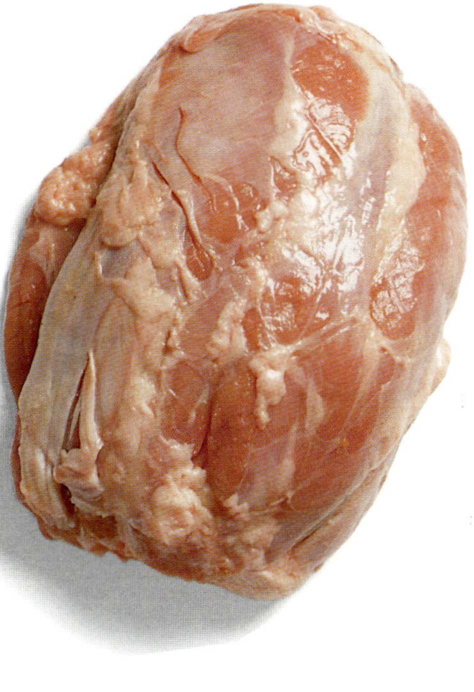

San Lorenzo

In einem Land wie Italien, das zum größten Teil von Meer umgeben ist und zahlreiche Flüsse und Seen besitzt, kann ein reiches Angebot an Fischen und Meeresfrüchten natürlich nicht fehlen. Und entsprechend zahlreich sind die herkömmlichen Rezepte wie zum Beispiel die köstliche, toskanische Fischsuppe "Caciucco alla livornese" oder der Stockfisch aus Vicenza, die gefüllten Kalamari oder der Thunfisch "alla catanese".
Ob es sich nun um kostbaren Lachs oder gewöhnliche Forellen handelt, eines darf nicht vergessen werden: der Fisch spielt, dank seiner Vitamine und seiner Nährwerte eine wichtige Rolle in der mediterranen Kost.

San Lorenzo empfiehlt hierbei den Pigato di Albenga d.o.c. und den Sauvignon Grave del Friuli d.o.c.; zwei trockene Weißweine mit sanftem Bukett.

San Lorenzo

Die Vornehmheit zu Tisch

Fischgerichte

Alle Rezepte der italienischen Tradition

Schwertfisch mit Tomatensauce

◂ *Sizilien* ▸

1 kg Schwertfisch, 500 g Tomatenmus, 1 Zwiebel, 1 Knoblauchzehe, Lorbeer, Petersilie, Kapern (in Salz), Weißwein, Weißmehl, Olivenöl extra vergine, Salz.

Die Fischhaut entfernen, den Fisch in Streifen schneiden, bemehlen und in einer Pfanne mit reichlich Öl ausbacken; abtropfen lassen, auf Küchenpapier legen und salzen. Eine Auflaufform mit der gehackten Zwiebel und dem Knoblauch, einigen zerpflückten Lorbeerblättern, dem Tomatenmus, einer Prise Salz und einem Schuss Öl auf den Herd stellen. Ca. 20 Minuten dünsten, vom Herd nehmen, den gebackenen Fisch zugeben, mit gehackter Petersilie und einigen Kapern bestreuen und mit einem Schuss Weißwein beträufeln. Vor dem Servieren bei mittlerer Hitze eine viertel Stunde überbacken.

Geschmorter Aal

◂ *Venetien* ▸

800 g Aal, 3 geschälte Tomaten, 1 mittelgroße Zwiebel, 2 Knoblauchzehen, 1 EL gehackte glatte Petersilie, 1 Glas trockener Weißwein, Maismehl (oder grobes Salz oder Paniermehl), 20 g Butter, Essig, 3 EL Olivenöl extra vergine, Salz, Pfefferkörner.

Zuerst den Aal mit dem Maismehl (oder mit dem groben Salz oder dem Paniermehl) abreiben, dann die Innereien herausnehmen und etwa eine halbe Stunde in Wasser und Essig legen. In der Zwischenzeit die Zwiebel und den Knoblauch schälen und fein hacken. Wenn der Aal lange genug im Essigwasser gelegen hat, das Olivenöl und die Butter in eine Kasserolle geben und die klein gehackte Zwiebel und den Knoblauch andünsten. Wenn die Zwiebel und der Knoblauch Farbe annehmen, den in 5-6 cm große Stücke geschnittenen Aal dazugeben, den man

zuvor auf einem Teller im Mehl gewendet hat. Den Fisch leicht anbräunen lassen, dann mit einem Holzlöffel umrühren, den Weißwein beigeben, verdampfen lassen und sofort danach die geschälten und von den Kernen befreiten Tomaten hinzugeben.
15 Minuten kochen lassen, bis circa Dreiviertel der Kochzeit um ist, mit Salz und Pfeffer aus der Mühle abschmecken, Deckel aufsetzen und weiter kochen lassen. Zum Schluss gehackte Petersilie dazugeben, vorsichtig umrühren und mit Maispolenta servieren.

Klippfisch nach Vicenza-Art

◂ *Venetien* ▸

1 kg eingeweichter Stockfisch, 50 g Sardellen (in Salz), 300 g Zwiebeln, 1 Bund Petersilie, Weißmehl, Milch, Olivenöl extra vergine, Salz, Pfeffer.

Für dieses Rezept wird Stockfisch verwendet (getrockneter Kabeljau, nicht wie der Klippfisch in Salz eingelegt), da das Rezept aber unter diesem Namen bekannter ist, haben wir ihn beibehalten.
Die Zwiebel in dünne Scheiben schneiden und in einigen Esslöffeln Öl dünsten; sobald sie glasig ist (ohne zu bräunen), die gehackte Petersilie und die entgräteten, von Salz befreiten Sardellen zugeben. Die Sauce gut umrühren, so dass sich die Sardellen auflösen, und abschalten. Den Stockfisch von der Haut und den Gräten befreien, in Stücke schneiden, sorgfältig trocknen und bemehlen. Den Fisch in einen Tontopf geben, mit der Zwiebelsauce sowie Öl und Milch zu gleichen Teilen bedecken.

Den Topf verschließen und bei niedriger Hitze mindestens 3 Stunden garen, ab und zu den Topf schwenken. Mit heißer Polenta servieren.

Fischsuppe nach Livorno-Art

◂ *Toskana* ▸

1 kg Mollusken (Tintenfische, Kraken, Sepien...), 4-5 Krebse (eine pro Person), 500 g reife Tomaten, 1 Zwiebel, 1 Möhre, 1 Selleriestange, 2 Knoblauchzehen 1 Glas Rotwein, Petersilie, Olivenöl extra vergine, Salz, Cayennepfeffer, Brotscheiben.

Die verschiedenen Fische säubern, Zwiebel, Möhre und Sellerie zusammen waschen, hacken und in reichlich Öl dünsten. Sobald die Zwiebel anfängt zu bräunen, die in grobe Stücke zerkleinerten Kraken und Sepien zugeben; kurz anbraten und mit Wein ablöschen. Nach ca. 10 Minuten Garzeit aus dem Topf nehmen und stattdessen die geschälten, entkernten und gewürfelten Tomaten, die Suppenfische und eventuell die bei der Säuberung zurückbehaltenen Fischköpfe zugeben; einige Schöpfkellen Brühe oder heißes Wasser aufgießen. Den Fisch 15-20 Minuten kochen lassen, anschließend durch das Sieb streichen und sofort wieder auf den Herd stellen. Nun die zuvor gekochten Mollusken zu der Tomatensauce geben, evtl. mit Wasser oder heißer Brühe verlängern, salzen und mit Cayennepfeffer würzen. Nach weiteren 20 Minuten Garzeit die letzten Fische hinzufügen (Heuschreckenkrebse, Tintenfische, Fische am Stück) und nochmals 20 Minuten kochen. Kurz vor dem Abschalten eine gute Hand voll
gehackter Petersilie einstreuen. Die Fischsuppe sollte recht flüssig sein und wird in Schüsseln mit gerösteten Brotscheiben serviert.

Eine Variante dieses Rezeptes sieht vor, das Glas Wein durch ein Glas Essig zu ersetzen.

Gefüllte Tintenfische

◂ *Friaul-Julisch Venetien* ▸

8 gesäuberte Tintenfische, 2 Knoblauchzehen, 1 Ei (nach Belieben), 1 Hand voll Petersilie, Semmelbrösel, Olivenöl extra vergine, Salz, Pfeffer.

Die Tintenfische säubern, waschen und abtrocknen. Für die Füllung die Fangarme der Tintenfische zusammen mit dem Knoblauch und der Petersilie hacken; salzen, pfeffern und alles im Öl anbraten, in dem zuvor einige Esslöffel Semmelbrösel angeröstet wurden. Falls es angebracht erscheint, die abgekühlte Füllung mit einem Eigelb binden. Die Tintenfischsäcke mit der Masse füllen und die Öffnung mit einem Zahnstocher verschließen; ölen, salzen und auf dem heißen Grill grillen.

Frittierte Meeresfrüchte

◂ *Emilia Romagna* ▸

Kleine Tintenfische, Sepien, Canestrelli (Muscheln), Miesmuscheln, Krabben, Scampi, Mehl (Teig oder Marinade), Zitrone, Olivenöl, Salz.

Es gibt verschiedene Möglichkeiten, die frittierten Meeresfrüchte zuzubereiten: die bekömmlichere Art sieht das einmalige Einmehlen des Fisches vor (der Fisch wird in dem kochenden Öl sofort goldbraun). Des Weiteren gibt es Methoden, bei denen der Fisch vorher kurz mariniert oder in einem würzigen Flüssigteig gewendet wird.
Wir stellen Ihnen hier die traditionellste Methode vor, mit der die Meeresfrüchte frittiert werden können. Sie können aber ganz nach Ihrem Geschmack auch ungewöhnlichere Kombinationen ausprobieren.
Die Miesmuscheln und Canestrelli putzen und aus der Schale holen. Die Krabben und die Scampi unter fließendem Wasser abwaschen und abtrocknen. Die Tintenfische sorgfältig putzen. Wenn die Tintenfische sehr klein sind, ganz lassen, sonst in Streifen schneiden.
Die Arme nicht abschneiden. Die Sepien putzen und in Streifen schneiden. Die Sepien und die kleinen Tintenfische unter fließendem Kaltwasser abspülen und sorgfältig abtrocknen. Je nach Art der gewählten Zubereitung der Fritüre, den Fisch marinieren oder in der Teigmasse ruhen lassen.
Den Fisch im brodelnden Öl frittieren, auf Küchenpapier trocknen lassen und salzen.

Hecht in Sauce

◂ *Venetien* ▸

1 Hecht (ca. 1 kg), 1 Möhre, 1/2 Zwiebel, 1 Selleriestange, 1 Glas Weißwein, Salz, Pfefferkörner.
Für die Sauce: 150 g Petersilie, 150 g Sardellen (in Salz), 150 g Kapern, Olivenöl extra vergine.

◆ Den Hecht ausnehmen, unter fließendem Wasser waschen und gut abtropfen lassen.

◆ Den Fisch in einem Topf mit Wasser, Wein, dem Gemüse und einigen Salz- und Pfefferkörnern kochen.

◆ In der Zwischenzeit die Sauce zubereiten: Die Kapern, Petersilie und Sardellen (entgräten und mit einem feuchten Tuch das Salz entfernen) fein hacken und mit Öl vermengen. Sobald der Hecht gar ist, entgräten, filetieren und in eine Auflaufform geben.

◆ Die Sauce dazugeben und einige Zeit durchziehen lassen (am besten über Nacht). Mit frisch zubereiteter Polenta oder gegrillten Polentascheiben servieren.

Gepfefferte Miesmuscheln

◂ *Kampanien* ▸

2 kg Miesmuscheln, Zitronensaft, 1 Bund glatte Petersilie, Pfefferkörner.

Zuerst die Miesmuscheln gründlich putzen, dann zusammen mit viel Pfeffer aus der Mühle in eine große Pfanne geben, Deckel aufsetzen und bei starker Hitze kochen. Die Pfanne häufig schütteln, damit sich die Muschelschalen öffnen. Kurz vor Ende der Kochzeit reichlich gehackte Petersilie hinzugeben. Die Miesmuscheln in ihrem Sud und mit Zitronensaft servieren. Die Miesmuscheln können auch als Spaghetti-Sauce verwendet werden, wobei es aber ratsam ist, einen Teil der Schalen vorher zu entfernen.

Maränen in der Folie

◂ *Venetien* ▸

4 mittelgroße Maränen, 1 Zwiebel, 1 Selleriestange, 1 Möhre, 3 Knoblauchzehen, einige Basilikumblätter, Olivenöl extra vergine, Salz, Pfeffer.

Die Fische säubern, waschen, abtrocknen und innen salzen und pfeffern. Das Gemüse hacken, für jede Maräne ein Stück Alufolie einfetten und etwas gehacktes Gemüse daraufgeben. Mit dem restlichen Gemüse die Fische füllen, auf die Alufolie legen und gut verschließen. Die Fische auf ein Blech geben und 45 Minuten im Ofen backen.

Krake mit Petersilie

◂ *Sardinien* ▸

1 großer Krake (1 kg), 1 Zitrone, 2 Knoblauchzehen, glatte Petersilie, Lorbeer, Olivenöl extra vergine, Salz, Pfeffer.

Den Kraken putzen und klopfen, damit das Fleisch weicher wird (zarte Kraken weisen beim Kauf zwei Reihen Saugnäpfe auf). Wasser in einem Topf mit einem Lorbeerblatt, einer Knoblauchzehe und Salz zum Kochen bringen. Den Kraken hineintun und circa eine Stunde kochen lassen. Der Krake ist gar, wenn er sich leicht mit einer Gabel einstechen lässt. Vom Herd nehmen und den Kraken im Topf abkühlen lassen. Dann abgießen, in gleichmäßige Stücke schneiden und in eine Schüssel geben. Getrennt eine Sauce aus Zitronensaft, gehackter Petersilie, gehacktem Knoblauch, Salz und Pfeffer zubereiten. Die Sauce gut mit dem Kraken vermengen und vor dem Servieren mindestens 10 Stunden an einem kühlen Ort ruhen lassen.

Sardinen *a beccaficu*

◂ *Sizilien* ▸

1 kg Sardinen, 5 Sardellen (in Salz), 80 g Rosinen, 80 g Pinienkerne, 1 Zitrone, 1 Bund Petersi-

lie und Basilikum, 1 Lorbeerzweigchen, 2 Esslöffel Zucker, 150 g Semmelbrösel, Olivenöl extra vergine, Salz, Pfeffer.

Die Sardinen säubern und zum Entgräten aufklappen, waschen und auf einem Küchentuch trocknen lassen.
Die Sardellen von Salz und eventuellen Gräten säubern, fein hacken, mit den in Öl gerösteten Semmelbröseln, den in lauwarmem Wasser eingeweichten Rosinen, der gehackten Petersilie und den Pinienkernen vermengen; salzen und pfeffern. Die Masse auf die Sardinen verteilen, aufrollen und mit einem Zahnstocher feststecken.
Die Röllchen abwechselnd mit Lorbeerblättern in eine eingeölte Auflaufform geben und eine Sauce aus Zucker, Zitronensaft und einigen Esslöffeln Öl darübergießen. Zwanzig Minuten im heißen Ofen bei 200°C backen. Vor dem Servieren mit geschnittenem Basilikum bestreuen und mit Zitronenachteln garnieren.

Folien-Seebarsch

◂ *Sardinien* ▸

1 Seebarsch (250 g), 2 Kartoffeln, frische Tomaten, 1 Knoblauchzehe, Rosmarin, glatte Petersilie, Olivenöl extra vergine, Salz.

Den Seebarsch schuppen, ausnehmen und sorgfältig putzen. Die Tomaten entkernen, enthäuten und in Würfel schneiden.
Ein Tablett mit Alufolie bedecken und ein längeres Stück zum Abdecken übrig lassen. Den Seebarsch auf die Folie legen und mit einer Prise Salz, etwas Petersilie und wenig Rosmarin füllen. Den Seebarsch mit den Tomaten und den Kartoffeln bedecken, mit Olivenöl begießen, salzen, die Knoblauchzehe hinzufügen und gut mit der Alufolie abdecken. Im vorgeheizten Backofen circa eine halbe Stunde bei 250°C backen.

Stockfisch nach Genueser Art

◂ *Ligurien* ▸

1 kg Stockfisch, 2 in Salz eingelegte Sardellen (Anchovis), 4 frische Pilze, 2 Tomaten, 1 Zwiebel, 1 Karotte, 1 Stange Sellerie, 1 Knoblauchzehe, glatte Petersilie, Olivenöl extra vergine, Salz, Pfeffer.

Die Zwiebel, den Knoblauch, die Karotte, den Sellerie und ein wenig Petersilie klein hacken. Das Gemüse mit viel Olivenöl andünsten und dann die vom Salz befreiten Sardellen beigeben und zerkleinern. Nun den Stockfisch hinzufügen – er muss vorher in Stücke zerkleinert 24 Stunden lang eingeweicht werden. Pfeffern und den Fisch kurz Geschmack annehmen lassen. Zum Schluss die dünn geschnittenen Pilze und die frischen, entkernten und in Stücke geschnittenen Tomaten hinzugeben, mit Salz abschmecken und bei mittlerer Hitze garen.

San Lorenzo

Was wäre die gute italienische Küche ohne die Farben und die Vielfältigkeit der unzählig vielen Gemüsearten? Nichts kann in Sachen Nährwerte, Geschmack und Farbenfreude dem Gemüse standhalten… Seine Zubereitung zusammen mit Getreide, Eiern, Fleisch oder Käse macht aus der frischen Vitaminbombe nicht nur mehr eine Beilage, sondern ein wahres Hauptgericht.

Die folgenden Rezepte zeigen, wie man Gemüse auf verschiedene und appetitliche Weise zubereiten kann: eine richtige Herausforderung für Köche und ein Fest für das Auge und den Gaumen!

Zum Hervorheben der unzählig vielen Gemüsearten eignen sich besonders gut Weine wie der Rossese d.o.c und der Pinot Grigio Alto Adige d.o.c. mit dem Etikett San Lorenzo.

San Lorenzo

Die Vornehmheit zu Tisch

Beilagen

*Alle Rezepte
der italienischen
Tradition*

Spargel mit zerlassener Butter

◂ *Piemont* ▸

500 g Spargel, 1 Zweig Salbei, Muskatnuss, geriebener Parmesan, 50 g Butter, Salz.

Den harten Teil der Spargel entfernen, den Spargel waschen und in Bündel schnüren.
Senkrecht in einen hohen Topf stellen und zu zwei Dritteln mit Wasser bedecken. Salzen, Deckel aufsetzen und zum Kochen bringen, dann 20-30 Minuten kochen lassen.
Das Gemüse aus dem Topf nehmen und in einem Sieb gut abtropfen lassen. Die Butter in einem Topf mit dem Salbei schmelzen lassen, eine Prise Muskatnuss hinzugeben und Geschmack annehmen lassen. Den Spargel in eine Auflaufform geben, die zerlassene Butter darüber gießen und großzügig mit geriebenem Parmesan bestreuen. Einige Minuten in den Backofen stellen und servieren.

Caponata

◂ *Sizilien* ▸

4 Auberginen, 4 große, reife, feste Tomaten, 100 schwarze Oliven, 1/2 Selleriestange, 1 Zwiebel, 1 Knoblauchzehe, 50 g Kapern (in Salz), Apfelessig, Olivenöl extra vergine, grobes und feines Salz.

Die Auberginen putzen, in Würfel schneiden, mit grobem Salz bestreuen und eine halbe Stunde in einem Nudelsieb abtropfen lassen. In der Zwischenzeit die Zwiebel in feine Scheiben schneiden, den Knoblauch zerdrücken, die geschälten Tomaten (mit heißem Wasser überbrühen) durch ein Sieb streichen, die Oliven entsteinen und etwas zerkleinern sowie den Sellerie putzen und in Scheiben schneiden. Alles in einen Topf mit wenig Öl geben, die gewaschenen Kapern zufügen und bei nicht zu kräftiger Hitze kochen, bis eine recht dicke Sauce entsteht. Die Auberginen abtropfen lassen, in einer Pfanne mit Öl anbraten, in die Sauce geben und weitere 10 Minuten kochen lassen. Vor dem Abschalten mit Salz abschmecken und einen Schuss Essig unterrühren. Die Caponata ist vorzugsweise kalt zu servieren.

Gebratene Artischocken

◂ *Latium* ▸

4 Artischocken, 1 Bund Petersilie, einige Blätter frische Minze, Olivenöl extra vergine, Salz.

Die Spitzen der Artischocken abschneiden, die äußeren Blätter

entfernen, den Strunk abschneiden, die Artischocken waschen, abtropfen lassen und trocknen.
Die mittleren Blätter etwas auseinander drücken und gehackte Petersilie, Minze und eine Prise Salz hineingeben. Die Artischocken aufrecht in einen kleinen Schmortopf nebeneinander stellen, so viel Öl zugießen, dass die Artischocken ungefähr zur Hälfte bedeckt sind, und auf den Herd stellen. Bei kräftiger Hitze im offenen Topf anbraten, und wenn die Blätter knusprig sind und eine dunkle Goldfarbe angenommen haben, den Topf zudecken und einige Minuten bei mäßiger Hitze weitergaren. Zum Schluss die Artischocken herausnehmen und auf einem Servierteller anrichten.

Frittierte Artischocken

◂ *Marken* ▸

6 zarte, recht große Artischocken, 3 Eier, Mehl, Zitrone, Frittieröl, Salz, Pfeffer.

Die Artischocken putzen, dazu den Strunk, die härteren Blätter und die Spitzen abschneiden; in Stücke schneiden und einige Zeit in Zitronenwasser liegen lassen. Die Eier mit einer Prise Salz und Pfeffer schlagen, die Artischocken trocknen, im Mehl und im Ei wenden und in ausreichend heißem Öl ausbacken.

Kardonen nach Brindisi-Art

◂ *Apulien* ▸

1 kg Kardonen, Kapern, 80 g schwarze Oliven, 4 entgrätete Sardellen, Petersilie, 1 Zitrone, Semmelbrösel, Olivenöl extra vergine, Salz, Pfeffer.

Die Kardonen putzen und in gleich lange Stäbchen schneiden. Ca. 1 Stunde in Salzwasser mit etwas Zitronensaft kochen; abgießen, trocknen und in eine leicht gefettete Auflaufform schichten.
Zwischen einer Schicht und der anderen ein paar Kapern, die entsteinten Oliven, einige klein geschnittenen Sardellen, Salz und Pfeffer einstreuen.
Auf die letzte Schicht einen Schuss Öl geben und mit Semmelbröseln bestreuen. Bei mittlerer Hitze in den Backofen schieben, bis die Oberfläche goldbraun wird.

Süss-Saure Zwiebelchen

◂ *Emilia Romagna* ▸

450 g flache, weiße Zwiebelchen, 1/2 Glas Balsamico-Essig, 40 g Zucker, 7 Esslöffel Olivenöl extra vergine, 60 g Butter, Salz.

Die Zwiebeln putzen, waschen und sorgfältig abtrocknen. In einer Pfanne bei mäßiger Hitze dünsten, bis sie sich zu färben beginnen; Butter und Öl zugeben und unter ständigem Rühren weiterrösten.
Den Essig aufgießen, und wenn er beinahe vollständig verdampft ist, den Zucker zugeben.
Bei extrem niedriger Hitzezufuhr die Pfanne schließen und weitergaren, falls notwendig etwas heißes Wasser nachgießen. Nach circa einer halben Stunde die Zwiebelchen wenden und weitere 30 Minuten schmoren. Zum Schluss muss sich eine weder zu dünnflüssige, noch zu dicke Sauce bilden, die vor dem Servieren über die Zwiebeln verteilt wird.

Sauerkraut

◂ *Trentino-Südtirol* ▸

1 kg eingelegtes Sauerkraut, 3 Knoblauchzehen, Brühe nach Bedarf, Olivenöl, Salz.

Das Öl erhitzen, die zerdrückten Knoblauchzehen andünsten und herausnehmen, sobald sie sich zu bräunen beginnen. Das Sauerkraut kurz unter Wasser abspülen, abtropfen lassen und einige Minuten mit anbraten; mit Brühe oder heißem Wasser bedecken, salzen und im geschlossenen Topf bei niedriger Hitzezufuhr kochen, ab und zu umrühren.

Das Gelingen des Sauerkrautgerichts hängt von der langen Garzeit ab; es ist fertig, wenn es eine goldgelbe Farbe angenommen hat. Sauerkraut passt hervorragend zu Würstchen, einer der typischsten gastronomischen Kombinationen Südtirols.

Kartoffelkroketten

◆

700 g Kartoffeln, 3 Eigelb, Mehl, 1 dl flüssige Sahne, 50 g Butter, Salz.

Zuerst die Kartoffeln waschen und in Salzwasser kochen. Dann pellen und zu Mus stampfen.

Mit einem Stück Butter verrühren und auf dem Herd die Flüssigkeit verdampfen lassen, dabei ständig mit einem Holzlöffel umrühren. Anschließend die Sahne und das Eigelb hinzugeben, mit Salz abschmecken und die Masse ein wenig abkühlen lassen.

Dann 2 cm große Kugeln formen, im Mehl wenden und so lange in der Butter braten, bis sie schön gelbbraun sind.

Bohnen in der Flasche

◂ *Toskana* ▸

350 g entschotete Cannellini-Bohnen, 6 Salbeiblätter, 2 Knoblauchzehen, 1/2 Glas Olivenöl extra vergine, Salz, Pfeffer.

Dies ist ein antikes Rezept, dessen Zubereitung Zeit und Geduld erfordert. Hierzu benötigt man eine leere Strohflasche mit 2 l Fassungsvermögen; das Stroh entfernen und die Flasche gut ausspülen. Zu zwei Dritteln mit Bohnen füllen, das Öl, die grob zerkleinerten Salbeiblätter, den zerdrückten Knoblauch und zwei Gläser Wasser zugeben. Die Flasche mit dem entfernten Stroh, den Werg oder der Baumwolle verschließen ohne zu fest zu stopfen, damit das Wasser während des Kochens verdampfen kann.

Die toskanischen Bauern stellten nun die Flasche senkrecht in die mit Asche bedeckte Glut und ließen die Bohnen mindestens 5 Stunden, wenn nicht sogar die ganze Nacht kochen. Ist kein Kamin vorhanden, kann man die Flasche bei mittlerer Hitze im Wasserbad in einer Auflaufform in den Backofen stellen.

Die Bohnen sind gar, wenn das ganze Wasser aus der Flasche verdampft ist und die Hülsenfrüchte das Öl vollständig aufgesogen haben. Die Bohnen aus der Flasche nehmen, salzen, reichlich pfeffern und mit viel Olivenöl extra vergine anmachen.

Bohnen *all'uccelletto*

◂ *Toskana* ▸

500 g frische Bohnen, 5-6 Salbeiblätter, 6 EL passierte Tomaten, Olivenöl extra vergine, Salz.

Die Bohnen in reichlich Wasser garen und gegen Ende der Kochzeit salzen. Abgießen. Die Salbeiblätter in einem Topf mit etwas Öl einige Minuten bei schwacher Hitze andünsten. Dann die Bohnen und die passierten Tomaten beigeben, mit Salz abschmecken und unter ständigem Umrühren circa 10 Minuten bei mäßiger Hitze kochen lassen. Wenn die Tomaten ihre Flüssigkeit vollständig verloren haben, sind die Bohnen fertig. Einen Schuss kaltes Olivenöl beigeben, gut umrühren und servieren.

Geschmorte Saubohnen

◂ *Abruzzen* ▸

600 g frische geschälte Saubohnen, 100 g durchwachsener Schweinespeck, 1 Zwiebel, Olivenöl extra vergine, Salz.

Die Saubohnen putzen und einige Minuten in einer Schüssel mit Wasser einweichen, damit alle Unreinheiten sowie die kaputten Bohnen an die Oberfläche treten. In einem Topf die fein geschnittene Zwiebel sowie den in Stücke geschnittenen Speck in Öl andünsten. Sobald sie Farbe annehmen, die Bohnen hinzugeben, die vorher abgespült und abgetropft werden müssen. Mit einem halben Glas Wasser ablöschen, salzen und noch circa eine halbe Stunde kochen.

Frittierte Zucchiniblüten

◆

16 Zucchiniblüten, 2 Eier, Muskatnuss, 150 g Mehl, 1/2 Glas trockener Weißwein, 8-10 EL Olivenöl extra vergine, Salz, Pfeffer.

Das Mehl und das Eigelb in eine Schüssel geben, Salz, Pfeffer und Muskatnuss hinzufügen. Die Masse umrühren, nach und nach mit dem Wein verdünnen und circa eine halbe Stunde ruhen lassen. Wenn die Zeit um ist, das zu steifem Eischnee geschlagene Eiweiß hinzufügen. Die Stängel sowie die Stempel der Blüten durch Drehen entfernen.
Dann die einzelnen Blüten gleichmäßig in der Teigmasse wenden, bis sie gut bedeckt sind. In einem großen Topf das Öl erhitzen und die Blüten darin in wenigen Minuten goldbraun braten. Die Blüten auf Küchenpapier abtropfen lassen, damit das überschüssige Fett aufgesaugt wird, salzen und servieren.

Gefüllte Auberginen

◂ *Apulien* ▸

4 schöne Auberginen, 100 g Mortadella, 2 reife, feste Tomaten, 2 Eier, Semmelbrösel, 1 Hand voll geriebener Schafskäse, Olivenöl extra vergine, Salz, Pfeffer.

Die Auberginen der Länge nach halbieren und das Fruchtfleisch in der Mitte entfernen. Dieses Fruchtfleisch zusammen mit den Tomaten hacken und 20 Minuten mit Öl, Salz und Pfeffer anbraten. Die geschlagenen Eier, den Schafskäse, etwas Semmelbrösel und die gehackte Mortadella zugeben. Gut vermengen und die ausgehöhlten Auberginen damit füllen; die Auberginen auf ein geöltes Blech legen und nochmals mit Käse, Salz und Pfeffer würzen. Auf das Blech einen Fingerhoch Wasser gießen und bei mäßiger Hitze ca. 1 Stunde backen.

Speckkartoffeln

◂ *Emilia Romagna* ▸

500 g nicht mehlige Kartoffeln, 100 g frischer Speck, 1 Zwiebel, 1 EL gehackte glatte Petersilie, 2 EL Mehl, 1 Glas Fleischbrühe, 1/2 Glas trockener Weißwein, 40 g Butter, Salz, Pfeffer aus der Mühle.

Den Speck nach dem Würfeln in einen Topf geben, mit Wasser bedecken und einige Minuten kochen lassen. Abgießen und in kaltes Wasser überführen, erneut abgießen und auf einem sauberen Geschirrtuch trocknen lassen. In der Zwischenzeit die Kartoffeln schälen, waschen, sorgfältig abtrocknen und in Viertel schneiden. Den Speck in eine Kasserolle geben, Butter hinzufügen und unter ständigem Umrühren so lange schmoren lassen, bis er sich aufgelöst hat. Nun die in dünne Scheiben geschnittene Zwiebel hineingeben und andünsten, anschließend das Mehl hinzufügen. Die Brühe und den Weißwein beigeben, ständig mit einem Holzlöffel umrühren und zum Kochen bringen. Zum Schluss die Kartoffeln und den Speck hinzugeben. Mit Salz und Pfeffer aus der Mühle würzen und aufkochen lassen. Die Flamme kleiner stellen, Deckel aufsetzen und noch gut eine halbe Stunde kochen. Die Kartoffeln abgießen, auf einem vorgewärmten Servierteller anrichten, mit der gehackten Petersilie bestreuen und sofort servieren.

Kartoffeln in Thunfischsauce

5-6 Kartoffeln mittlerer Größe, 200 g Thunfisch in Öl, 1 Zitrone, 2 Knoblauchzehen, 1 Zweig glatte Petersilie, rotes Chilipulver, Olivenöl extra vergine, Salz.

Die Kartoffeln aufsetzen und in der Zwischenzeit die Sauce zubereiten. Den Thunfisch mit einer Gabel zerkleinern (vorher das Öl abgießen), einige Tropfen Zitronensaft, eine Prise Chilipulver, gehackten Knoblauch und die gehackte Petersilie beigeben und mit reichlich Olivenöl vermischen. Die Kartoffeln abgießen, pellen und in Scheiben schneiden. Zum Schluss die Sauce auf die Kartoffelscheiben streichen.

Paprikagemüse

◂ *Apulien* ▸

500 g rote und gelbe Paprikaschoten, 2 große Zwiebeln, 400 g Tomaten, Basilikum, 2 Esslöffel Kapern, 1 Prise Oregano, Olivenöl extra vergine, Salz, Pfeffer.

Die Paprikaschoten kurz über eine Flamme halten, um die äußere Schale zu entfernen. Die Paprikas öffnen, von den Samen säubern und in Streifen schneiden. Die Tomaten säubern, enthäuten (kurz mit kochendem Wasser überbrühen) und in kleine Stücke schneiden.
Die Zwiebeln in Scheiben schneiden und in einer Pfanne in etwas Öl dünsten; die Paprikaschoten, Tomaten, Kapern, einige Basilikumblätter, eine Prise Oregano, Salz und Pfeffer zugeben. Circa eine drei viertel Stunde köcheln lassen, ab und zu umrühren. Das Paprikagemüse warm oder kalt servieren.

Erbsen mit rohem Schinken

◂ *Latium* ▸

1 kg frische Erbsen, 1 Zwiebel, 150 g roher Schinken, 1 Bund Petersilie, Brühe nach Bedarf, Butter, Olivenöl extra vergine, Salz, Pfeffer.

Die fein geschnittene Zwiebel mit Öl und einem Stück Butter in einem Topf andünsten. Sobald die Zwiebel glasig ist, die Erbsen zugeben, salzen, pfeffern und etwas Brühe oder heißes Wasser aufgießen. Kurz vor Ende der Garzeit den gewürfelten rohen Schinken und die gehackte Petersilie unterrühren. Als Variation kann der rohe Schinken durch gekochten Schinken ersetzt werden. Die so zubereiteten Erbsen können auch mit Bandnudeln verrührt werden.

Überbackene Tomaten

◂ *Umbrien* ▸

4 reife, feste Tomaten, 1 Hand voll Petersilie, 2 Knoblauchzehen, Fruchtfleisch schwarzer Oliven, Semmelbrösel, Olivenöl extra vergine, Salz, Cayennepfeffer.

Die Tomaten waschen, halbieren und entkernen; die Innenseite salzen und auf eine schräge Fläche legen, damit sie ihre Flüssigkeit verlieren. Knoblauch und Petersilie fein hacken und mit einigen Esslöffeln Olivenfruchtfleisch und reichlich Semmelbröseln vermengen. Etwas Öl zu der Masse geben, mit Salz una einer Prise Cayennepfeffer würzen; die Tomaten auf ein geöltes Blech stellen und mit der Mischung füllen. Die Tomaten mit etwas Semmelbröseln bestreuen und einen Schuss Öl darübergeben. Bei mäßiger Hitze ca. eine halbe Stunde backen, dann die Temperatur steigern und 10 Minuten überbacken. Nach Belieben können der Füllung Kapern oder in Salz eingelegte Sardellen zugefügt und die Tomaten mit grünen oder schwarzen Oliven garniert werden. Zusammen mit gekochtem Vollkornreis ist dies ein schmackhaftes Gericht.

Gedünstete Steinpilze

◆

500 g frische Steinpilze, 1-2 Knoblauchzehen, 1 Hand voll glatte Petersilie, 50 g Butter, 4 EL Olivenöl extra vergine, Salz, Pfeffer.

Die Steinpilze sorgfältig putzen und in dünne Scheiben schneiden. In der Zwischenzeit in einer Kasserolle den Knoblauch mit dem Öl und der Butter andünsten. Dann die Steinpilze zusammen mit der gehackten Petersilie hinzufügen. Salzen und pfeffern. Deckel aufsetzen und bei schwacher Hitze fertig garen. Falls nötig etwas warmes Wasser hinzugeben, wenn die Pilze zu trocken werden. Diese Art der Zubereitung ist nicht nur für Steinpilze, sondern auch für viele andere Pilzarten geeignet. Je nach Belieben kann der Knoblauch in ganzen Zehen, oder auch gehackt beigegeben werden. Falls der Knoblauch gehackt wird, reicht auch eine halbe Zehe.

Roter Radicchio in *Saór*

◂ *Venetien* ▸

8 Köpfe roter Radicchio-Salat aus Treviso, 150 g Zwiebeln, 40 g Rosinen, 30 g Pinienkerne, 1 TL Zucker, 1/2 Glas Rotweinessig, 3 EL Olivenöl extra vergine, Salz, Pfeffer aus der Mühle.

Die Rosinen waschen und eine Stunde in etwas kaltem Wasser einweichen. Die Zwiebeln schälen und in dünne Scheiben schneiden, in einen Topf geben, Öl hinzufügen und einige Minuten bei mäßiger Hitze andünsten. Dabei mit einem Holzlöffel umrühren. Dann den Essig und den Zucker hinzugeben, umrühren, die abgetropften Rosinen und die Pinienkerne beigeben, verdampfen lassen und vom Feuer nehmen. Den Radicchio sorgfältig putzen, waschen und in einer Salatschleuder trocknen. Jeden Salatkopf der Länge nach in Viertel schneiden. Den Radicchio in den Topf geben und bei mäßiger Hitze schmoren. Ab und zu umrühren. Vor dem Servieren mit Salz abschmecken und mit Pfeffer aus der Mühle bestreuen.

Grüne Bohnen-Auflauf

400 g grüne Bohnen, 2 Eier, Ingwer, Korianderkerne, Paniermehl, 150 g geriebener Parmesan, Olivenöl extra vergine, Salz.

Grüne Bohnen ohne „Faden" verwenden. Waschen und in Salzwasser circa 20 Minuten kochen. Abtropfen lassen und bei starker Hitze in einer Kasserolle mit Öl weiterkochen. Dann vom Feuer nehmen, die Eier dazugeben, salzen, etwas geriebenen Ingwer und frisch gemahlene Korianderkerne hinzufügen. Gut verrühren und auch den Parmesan dazugeben. Die Masse in eine gefettete Form geben und mit Paniermehl bestreuen. Eine halbe Stunde bei ca. 180°C im Ofen backen.

Kürbisauflauf

1 kg Kürbis, 3 Eier, Muskatnuss, Ingwer, rotes Chilipulver, Paniermehl, 1/2 Glas flüssige Sahne, 100 g geriebener Parmesan, Butter, Salz.

Den Kürbis schälen und die Kerne entfernen. In Stücke schneiden und im Backofen backen. Wenn der Kürbis gar ist, in einer Passiermaschine passieren und in eine Schüssel geben. Zwei ganze Eier und ein Eigelb hinzugeben, den Parmesan, die Sahne, einige Esslöffel Paniermehl, Salz, eine Prise Chilipulver, eine Prise Muskatnuss und etwas frisch geriebenen Ingwer beigeben. Eine Auflaufform mit Butter einfetten, mit

Paniermehl bestreuen und die Kürbismasse in der Form verteilen. Ein paar Butterflocken dazugeben, in den Backofen stellen und bei circa 160° C etwa eine drei viertel Stunde backen.

Gemüsekuchen

◂ *Marken* ▸

700 g Kartoffeln, 1 Zwiebel, 3 große Paprikaschoten (2 rote und 1 gelbe), 400 g reife Tomaten, Oregano, Olivenöl extra vergine, Salz, Pfeffer.

Das Gemüse putzen, waschen und in Scheiben schneiden, aber die einzelnen Sorten getrennt lassen. Das Gemüse abwechselnd in eine gefettete Auflaufform schichten und mit Öl, Salz, Pfeffer und Oregano würzen. Im heißen Ofen ca. 1 Stunde backen, herausnehmen und einige Minuten vor dem Servieren durchziehen lassen.

Zucchini mit Knoblauch

◆

6 Zucchini, 3 Knoblauchzehen, Basilikum, rote Chilischote, Olivenöl extra vergine, Salz.

Eine Marinade aus einem halben Glas Olivenöl, einer Prise Salz, einer Prise Chilischote, dem fein gehackten Knoblauch und dem gewaschenen und zerkleinerten Basilikum zubereiten. Die Zucchini putzen, waschen, abtrocknen und der Länge nach halbieren. Anschließend mit der Marinade bedecken und circa eine halbe Stunden ziehen lassen. Die Zucchini abtropfen lassen, auf einen Ofenrost legen und von beiden Seiten ca. 7 Minuten goldbraun backen. Dabei ab und zu mit der Marinade befeuchten. Auf Küchenpapier das überschüssige Fett aufsaugen lassen und schön heiß servieren.

San Lorenzo

Die Vornehmheit zu Tisch

Desserts und Liköre

Alle Rezepte der italienischen Tradition

Babà al rum

Sizilien

<u>Für den Teig</u>: 300 g Mehl, 100 g Butter, 5 Eier, 1 Zitrone, 1 Tässchen lauwarme Milch, 1 Esslöffel Zucker, 25 g Bierhefe, Salz.
<u>Für die Rum-Sauce</u>: 300 g Zucker, 1 Glas Rum, Aprikosenmarmelade, 1 Zitrone.

Für die Teigzubereitung die Butter weich werden lassen, in Stücke schneiden, mit den Eiern und dem Zucker in eine Schüssel geben und vermengen; nach und nach das Mehl mit einer Prise Salz, die geriebene Zitronenschale und die in lauwarmer Milch aufgelöste Bierhefe unterrühren. Den Teig sorgfältig durcharbeiten, bis er sich leicht vom Schüsselrand löst; mit einem Küchentuch zudecken und 1 Stunde an einem lauwarmen Platz ruhen lassen. Danach den Teig nochmals einige Minuten durchkneten und in die zuvor gefetteten, bemehlten Babà-Förmchen füllen; die Förmchen mit einem Küchentuch zudecken und aufgehen lassen, bis sich das Teigvolumen verdoppelt hat. Im vorgeheizten Ofen eine halbe Stunde backen.
In der Zwischenzeit die Sauce zum Tränken des Gebäcks zubereiten: den Zucker in 5 dl Wasser mit einem Stückchen Zitronenschale auf den Herd stellen und auflösen; rühren, bis ein Sirup entsteht, den Topf vom Herd nehmen und den Rum zugießen. Die noch warmen Babà reichlich mit der Flüssigkeit tränken. Die Aprikosenmarmelade mit ein wenig Wasser verdünnen, kurz erwärmen und hiermit die Gebäckoberfläche bestreichen.

Obst-Schiffchen

<u>Für den Mürbeteig</u>: 200 g Mehl, 100 g Zucker, 100 g Butter, 2 Eier, Salz.
<u>Für die Füllung</u>: 100 g Erdbeeren, 100 g Heidelbeeren, 100 g rote Johannisbeeren, 100 g Himbeeren, 100 g Stachelbeeren, Konditorencreme (Crema pasticciera), 2 Zitronen, 2 EL Zucker, Olivenöl, Mehl.

Das Mehl sieben und mit dem Zucker vermischen. Die weichen Butterstücke, ein ganzes Ei, ein Eigelb und eine Prise Salz in die Mitte geben. Schnell verkneten, bis der Teig schön weich und gleichmäßig ist. Den Teig mit einem Tuch abdecken und eine halbe Stunde ruhen lassen. In der Zwischenzeit das Obst kurz unter fließendem Wasser abwaschen, mit einem Tuch abtrocknen und dann nach Obstsorten getrennt auf einen Teller legen. Das Obst mit dem Zucker bestreuen und mit Zitronensaft befeuchten und an einem kühlen Ort marinieren lassen. Ab und zu umrühren. Den Mürbeteig mit einem Nudelholz wenige Millimeter dick ausrollen. Die Backformen in Schiffchenform (oder runden Formen) nebeneinander auf der Arbeitsplatte bereit stellen und mit einem Backpinsel etwas einölen. Den Teig um das Nudelholz wickeln und über den Backformen ausrollen. Der Teig muss innen gut an den Formen anhaften, mit den Fingerkuppen nachhelfen. Dann mit dem Nudelholz über die Formen rollen, so dass die Ränder am Formenrand ausgeschnitten werden. Den überschüssigen Teig erneut kneten und die Prozedur so lange wiederholen, bis kein Teig mehr übrig ist. In jeder Form mit einer Gabel die Oberfläche einstechen und mit gefettetem Backpapier auskleiden. Die Formen dann mit einer Schicht getrockneter Linsen füllen. Circa eine Viertelstunde im heißen Backofen backen, aus dem Ofen holen, die Linsen und das Backpapier entfernen und den Teig vorsichtig aus den Formen herausholen. Auf einem Gitter trocknen lassen. Einige Esslöffel Konditorencreme in die Schiffchen geben und das Obst darauf legen. Die Schiffchen mit Puderzucker bestreuen oder mit einer Marmeladenglasur überziehen.

Beccute

◂ *Marken* ▸

600 g Mehl, 100 g Pinienkerne, 100 g Walnüsse, 80 g geschälte Mandeln, 100 g Rosinen, 100 g getrocknete Feigen, 100 g Zucker, Olivenöl extra vergine, Salz.

Die getrockneten Feigen sowie die Rosinen getrennt in lauwarmem Wasser einweichen; Nüsse und Mandeln grob hacken. In einer großen Schüssel das Mehl mit 4 Esslöffeln Öl, Zucker, einer Prise Salz, den abgetropften, klein geschnittenen Feigen, den gut ausgedrückten Rosinen, Pinienkernen, Walnüssen und Mandeln vermengen. Nach und nach warmes Wasser einarbeiten, bis ein weicher, homogener Teig entsteht. Den Teig in kleine Portionen aufteilen und zu kleinen Brotlaiben formen. Ein Backblech einölen, die Beccute darauf legen und eine halbe Stunde bei mittlerer Hitze backen.

Kaffee-*Bignè*

◆

Für die Bignè: 150 g Mehl, 120 g Butter, 5 Eier, Salz, 15 g Zucker.
Für die Füllung: 1 dl Kaffee, 4 Eier, 125 g Zucker, 3 dl Milch, 40 g Maizena, fein gemahlener Kaffee.

In einem hohen Topf 350 g Wasser mit der Butter, dem Zucker und einer Prise Salz zum Kochen bringen. Wenn das Wasser anfängt zu kochen, vom Herd nehmen und unter ständigem Rühren mit einem Holzlöffel das Mehl schnell unterrühren. Den Topf wieder auf den Herd setzen und unter ständigem Rühren erneut zum Kochen bringen. Ca. 8 Minuten kochen lassen, bis sich die Masse von allein vom Topfrand ablöst. Den Topf vom Herd nehmen, und schnell das erste Ei unter die Masse rühren. Erst nachdem sich das erste Ei mit der Masse vermengt hat, das zweite Ei unterrühren, dann erst das dritte, usw., bis zum letzten Ei. Zum Schluss muss eine weiche Creme

entstehen. In einen Cremebeutel füllen und kleine walnussgroße Bällchen, in ca. 3 cm Abstand auf das gefettete Backblech drücken. Bei 180°C ca. 15 backen.
Nun den Kaffee und die Milch erwärmen, die Eigelbe mit dem Zucker vermischen und das Maizena zugeben, das eventuell in etwas Kaffee aufgelöst wurde. Es muss eine weiche Creme entstehen, der nach und nach etwas Milch und Kaffee beigemengt wird. Anschließend bei schwacher Hitze zum Kochen bringen. Vom Herd nehmen und sobald die Creme abgekühlt ist, eine Prise sehr fein gemahlenen Kaffee hinzugeben. Die Bignè füllen und nach Belieben mit Zuckerguss beziehen, dem man etwas Kaffee untergemischt hat.

Aniskekse

400 g Mehl, 1 Tasse Anistee, 50 g Rosinen, 1 Ei, 2 EL Honig, 2 EL Olivenöl extra vergine, Salz.

Die Rosinen waschen und in etwas lauwarmem Wasser einweichen. In der Zwischenzeit das Mehl auf die Arbeitsfläche sieben, eine Kuhle bilden und in die Mitte das Ei, das Olivenöl, den Honig und etwas Salz geben. Kneten und nach und nach etwas Anistee unterkneten. Den Teig ca. 10 Minuten bearbeiten. Die Rosinen abtropfen lassen und mixen, dann in den Teig kneten. Den Teig circa eine halbe Stunde ruhen lassen, dann mit einem Nudelholz ca. 3-4 cm dick ausrollen und in Rechtecke schneiden. Die Kekse in einer leicht gefetteten und gemehlten Backform anordnen und im heißen Ofen ca. 20 Minuten backen.

Bonet

◂ *Aostatal-Piemont* ▸

8 Eier, 1 l Milch, 3 Esslöffel Kakao, 7 Makronen, 250 g Zucker, 1 Esslöffel Marsala, 1 Zitrone.

Das Eigelb in einer Schüssel mit 8 Esslöffeln Zucker verrühren. Den Kakao, das steif geschlagene Eiweiß und die Zitronenschale zusammen mit den zerriebenen Makronen und dem Marsala zugeben. Den restlichen Zucker in eine Puddingform (mit Loch in der Mitte) geben und karamelisieren; anschließend die Form mit der Eimasse füllen. Den Pudding im Wasserbad bei niedriger Temperatur ca. 3 Stunden im Backofen garen. Dabei sollte das Wasserbad nur ganz schwach kochen. Der Pudding ist fertig, wenn ein eingesteckter Zahnstocher vollkommen trocken herausgezogen wird. Abkühlen lassen, dann für mindestens 4 Stunden in den Kühlschrank stellen, aus der Form nehmen und servieren.

Cannoli

◂ *Sizilien* ▸

250 g Ricotta (oder Quark), 200 g Mehl, 150 g Puderzucker, 50 g Orangeat und Zitronat, 30 g Zartbitter-Schokolade, 20 g Butter, 1 Esslöffel Zucker, 1 Teelöffel bitterer Kakao, 1 Teelöffel Pulverkaffee, trockener Weißwein, 1 Ei, Olivenöl, Salz.

Zur Zubereitung der sizilianischen Cannoli werden spezielle Metallröhrchen verwendet, um die der Teig gewickelt wird und die in Haushaltswarengeschäften erhältlich sind. 150 g Mehl mit dem bitteren Kakao, Kaffee, Zucker und einer Prise Salz vermengt auf eine Arbeitsfläche häufen; die Butter weich werden lassen, in Stücke schneiden, in die eingedrückte Vertiefung geben und mit so viel Weißwein verarbeiten, dass ein weicher, elastischer Teig entsteht. Den Teig in ein Küchentuch wickeln und an einem kühlen, dunklen Platz ca. 1 Stunde ruhen lassen.

In der Zwischenzeit die Füllung zubereiten: Die Ricotta mit Zucker, den klein geschnittenen kandierten Früchten und der mit Hilfe eines Messers geriebenen Schokolade verrühren; sorgfältig vermengen und die Füllung im Kühlschrank ruhen lassen. Den Teig mit einem Nudelholz wenige Millimeter dünn ausrollen und kleine Scheiben von 10 cm Durchmesser ausstechen.

Mit den Händen die Scheibchen oval ziehen, um die mit Öl gefetteten Metallröhrchen wickeln und den überlappenden Teig gut festdrücken, eventuell mit Eiweiß bestreichen. Öl in einem Topf mit hohem Rand erhitzen und die Cannoli darin gleichmäßig goldbraun ausbacken. Abtropfen und auf Küchenpapier trocknen lassen; nach einigen Minuten das Metallröhrchen herausziehen und den Vorgang wiederholen, bis der ganze Teig aufgebraucht ist. Wenn alle Cannoli gebacken und abgekühlt sind, mit der Ricottacreme füllen und mit Puderzucker bestreuen.

CANNONCINI

Für den Blätterteig: 200 g Mehl, 200 g Butter, 1 Ei, Salz.
Für die Füllung: Schlagsahne oder Konditorencreme (Crema pasticciera).

Verwenden Sie für die Zubereitung des Blätterteigs unbedingt kalte Küchenutensilien und eiskaltes Wasser. Das Mehl mit einer Prise Salz und einer Tasse mit eiskaltem Wasser zu einem festen Teig verkneten. Den Teig mit einem Geschirrtuch abdecken und an einem dunklen und kalten Ort ruhen lassen. Die Hände mit Wasser anfeuchten und die Butter so lange kneten, bis sie die gleiche Festigkeit wie der Teig erreicht hat und der Butter dann eine rechteckige Form geben.

Den Teig auf einer gut bemehlten Arbeitsfläche ausrollen und die Butter in die Mitte geben; den Teig über der Butter zu einem Paket zusammenfalten und sehr vorsichtig mit einem Nudelholz drücken, damit die Butter mit dem Teig verschmelzen kann. Jetzt mit der Zubereitung des Blätterteigs beginnen, die die berühmten „Touren" beinhaltet, die nötig sind, damit der Blätterteig schön knusprig und locker wird. Das Nudelholz und die Arbeitsplatte müssen dazu stets gut eingemehlt werden. Den Teig zu einem 1 cm dicken Rechteck ausrollen. Dreimal umschlagen, so dass ein Quadrat entsteht, erneut ausrollen und beim Rollen die Richtung wechseln. Erneut dreimal umschlagen und 15 Minuten im Kühlschrank ruhen lassen. Die gleiche Prozedur und die gleiche Ruhezeit zwei weitere Male wiederholen (6 „Touren" müssen insgesamt gemacht werden). Anschließend ist der Blätterteig fertig.

Für die Zubereitung der Cannoncini wird ein entsprechender Metallkegel benötigt (im Haushaltswarengeschäft erhältlich), der diesen Kuchen die gewünschte Form gibt. Den Blätterteig zubereiten, dann mit dem Nudelholz wenige Millimeter dick zu einem Rechteck ausrollen (die längere Seite des Rechtecks muss ca. 45 cm lang sein). Aus diesem Rechteck der Länge nach ca. 3 cm breite Streifen ausschneiden. Jeden Streifen an einem Ende spitz ausschneiden und dann mit dem Eiweiß bepinseln. Die Spitze des Metallzylinders über die Teigspitze legen und den Teig dann rund um den Kegel wickeln, wobei jede Umrundung die vorherige Umrundung überlappen muss.
Die Cannoncini in einigem Abstand voneinander auf ein leicht gefettetes Backblech legen, damit sie beim Backen nicht aneinander kleben. Das Blech mit den Cannoncini eine Viertelstunde in den Kühlschrank stellen. In der Zwischenzweit den Backofen vorheizen und die Cannoncini mit Eiweiß bepinseln und mit Zucker bestreuen. Danach ca. 20 Minuten in den Ofen schieben. Die Metallzylinder entfernen und die Cannoncini auf einem Gitter abkühlen lassen. Die Cannoncini werden gewöhnlich mit Konditorencreme gefüllt, sind aber auch mit einer Füllung aus Schlagsahne, Schokoladen- oder Kaffeecreme äußerst köstlich.

Cantuccini

◂ Toskana ▸

300 g Mehl, 200 g Zucker, 100 g süße Mandeln, 3 Eier, 1 Teelöffel geriebene Orangenschale, 1 Teelöffel Anissamen, 3 g Bikarbonat, Butter, Salz.

Das Mehl zusammen mit dem Bikarbonat auf ein Holzbrett sieben. Nach und nach Zucker, eine Prise Salz, Orangenschale (ohne die weiße Haut), Anissamen und Mandeln (samt der Haut) einarbeiten. Zwei Eier aufschlagen und alles sorgfältig vermengen, dabei etwas Milch zugeben, falls die Masse zu trocken ist.
Aus dem Teig drei etwa 3 cm dicke Rollen formen, diese auf das Backblech legen und mit dem restlichen Eigelb bestreichen. Bei 190°C eine viertel Stunde im Ofen backen, dann in schräge Stückchen schneiden, so dass die klassische Form der Cantuccini entsteht, und anschließend weitere 5 Minuten im Ofen backen.

Cassata siciliana

◂ Sizilien ▸

Für den Biskuitboden: 150 g Mehl, 150 Zucker, 25 g Butter, 5 Eier, Salz.
Für die Füllung und zum Garnieren: 500 g Ricotta (oder Quark), 300 g gemischte kandierte Früchte, 250 g Zucker, 200 g Aprikosenmarmelade, 100 g Zartbitter-Schokolade, 2 Esslöffel geschälte Pistazien, 1 Gläschen Maraschino, 1 Gläschen Orangenblütenwasser, 1 Vanilleschote.

Für die Zubereitung des Biskuitteiges den Zucker so lange mit dem Eigelb verrühren, bis eine weiche Creme entsteht; dann nach und nach das Mehl zugeben und ca. 15 Minuten weiterrühren. Die Butter im Wasserbad zerlassen und mit etwas Salz unter den Teig rühren. Das Eiweiß schaumig schlagen und esslöffelweise unter den Teig heben; anschließend den Teig in eine (traditionsgemäß rechteckige) Backform gießen, eine halbe Stunde im

vorgeheizten Ofen backen, bis der Teig sich leicht von der Backform löst; den Biskuitteig abkühlen lassen und dann in ca. 1 cm dicke Scheiben schneiden, mit denen eine rechteckige oder runde Form mit Backpapier ausgelegt wird. Die Marmelade im Orangenblütenwasser auf der Kochplatte zerlassen und damit die Innenseite der Biskuitscheiben bestreichen.
Den Zucker auf der Kochplatte mit einem halben Glas Wasser und der Vanilleschote auflösen. Sobald er dickflüssig wie Sirup ist, abkühlen lassen, die Vanilleschote entfernen, mit der Ricotta vermengen und so lange mit dem Kochlöffel rühren, bis eine klumpenfreie Creme entsteht. Die gewürfelten, kandierten Früchte, die in Stücke geschnittene Schokolade, die gehäuteten Pistazienkerne (mit kochendem Wasser überbrühen und gut abtrocknen) und den Maraschino mit der Creme verrühren. Die Ricottamischung in die Form füllen und diese leicht auf die Arbeitsfläche klopfen, so dass keine Luftblasen im Kuchen bleiben.
In den Kühlschrank stellen und mindestens zwei Stunden abkühlen lassen. Danach den Kuchen sehr vorsichtig aus der Form nehmen und mit der zubereiteten Glasur aus Aprikosenmarmelade und Orangenblütenwasser überziehen. Erneut in den Kühlschrank stellen, um vor dem Servieren abzukühlen.

Kastanienkuchen

◂ *Toskana* ▸

300 g Kastanienmehl, 50 g Rosinen, 30 g Pinienkerne, Olivenöl extra vergine, Salz.

Die Rosinen in lauwarmem Wasser einweichen; in der Zwischenzeit das Kastanienmehl mit Wasser vermengen, so dass ein weicher, dickflüssiger Teig entsteht. Die Pinienkerne, die abgetropften Rosinen und eine Prise Salz zugeben, gut vermengen und einige Esslöffel Olivenöl extra vergine einarbeiten. Eine Backform mit Öl einfetten und mit Semmelbröseln ausstreuen, den Teig hineingeben und bei mittlerer Hitze ca. 40 Minuten lang backen. Der Kastanienkuchen ist fertig, wenn sich auf der Oberfläche eine dunkle Kruste bildet, die beginnt aufzuspringen.
Zum traditionellen Rezept können als weitere Zutaten ein klein geschnittener Apfel, Fenchelsamen, Johannisbrotmehl, Rosmarin usw. hinzugefügt werden.

Bologneser Kranz

◂ *Emilia Romagna* ▸

400 g Mehl, 150 g Zucker, 100 g Milch, 80 g Butter, 3 Eier, 20 g Backpulver, Haogelzucker, Salz.

Das Mehl mit Zucker, Backpulver und einer Prise Salz vermengen und auf eine Arbeitsfläche häufen; eine Vertie-

fung eindrücken, die klein geschnittene Butter und zwei Eier hineingeben und vorsichtig durchkneten, bis ein weicher Teig entsteht, der kranzförmig auf ein gefettetes, bemehltes Blech gelegt wird. Die Kranzoberfläche mehrmals einschneiden, mit Eigelb bepinseln und mit Hagelzucker bestreuen. Im mäßig warmen Ofen ca. eine halbe Stunde backen, bis die Oberfläche gebräunt ist.
Unter den zahlreichen Varianten dieses bekannten Rezeptes möchten wir die Version erwähnen, bei der dem Teig ein Teelöffel Grappa zugefügt wird.

Cicerchiata

Apulien

500 g Mehl, 500 g Honig, 4 Eier, 200 g Olivenöl extra vergine, Mandeln, Zimtpulver, Zucker, Schokoladenstückchen, Olivenöl, Salz.

Das Mehl mit Eiern, Öl, 4 Esslöffeln Zucker und einer Prise Salz durcharbeiten, bis ein weicher Teig entsteht, wozu das Mehl das Öl gleichmäßig aufnehmen muss. Aus dem Teig lange Rollen formen, die in 1 cm große Stücke geschnitten und wie die Gnocchi-Klößchen mit einem Finger über die Rückseite einer Reibe gedrückt werden.
In heißem Öl backen, bis sie goldbraun sind, und unterdessen in einem kleinen Topf den Honig kochen, bis er bernsteinfarben wird. Die frittierten Stücke in den Honig geben und wenn sie völlig damit bedeckt sind, kranzförmig auf einen großen Teller legen. Mit gerösteten Mandelstücken, Schokoladenstückchen, Zimtpulver und Zucker garnieren.

Ricottacreme-Kuchen

Für den Mürbeteig: 200 g Mehl, 100 g Zucker, 100 g Butter, 2 Eier, Salz.
Für die Ricottacreme: 500 g Ricotta-Frischkäse, 150 g Zucker, 1 Ei, 1 Zitrone, 2 EL kandierte Früchte, 2 EL Rosinen, Mehl.

Das Mehl mit dem Zucker vermischt auf die Arbeitsplatte geben. Eine Kuhle formen und die weichen Butterstückchen, ein Ei, ein Eigelb und eine Prise Salz in die Mitte geben. Schnell kneten, bis der Teig weich und gleichmäßig ist. Den Teig mit einer Serviette abdecken und eine halbe Stunde ruhen lassen. Eine Tortenform mit zwei Dritteln des Teigs auskleiden. Den Ricotta mit dem Zucker, dem Ei, der geriebenen Zitronenschale, den kandierten Früchten sowie den Rosinen (vorher in warmem Wasser aufquellen lassen und in Mehl wenden) zu einer Creme verrühren und in die Form geben.

Aus dem restlichen Teig Streifen schneiden und im Gittermuster auf die Ricottacreme in die Form legen. In den heißen Ofen schieben und ca. 40 Minuten backen.

Gefüllte Teigtaschen mit Apfel

◆

Für den Teig: 250 g Mehl, 1 Ei, 2 EL Olivenöl extra vergine, Salz.
Für die Füllung: 1,5 kg Äpfel, 150 g trockene Kekse, 50 g Rosinen, 20 g Pinienkerne, 25 g Walnusskerne, 1/2 Glas Apfelsaft, 1/2 EL Gerstenmalzsirup, 1 Zitrone, 1 EL Honig, 1 Prise Zimt.

Eine Prise Salz mit dem Mehl vermischen und auf die Arbeitsfläche streuen. Eine Kuhle bilden und das Ei und das Olivenöl hineingeben. Kneten und nach und nach mit Wasser anfeuchten, bis der Teig die richtige Festigkeit erreicht hat. Weiterhin kräftig durchkneten, bis der Teig schön glatt und elastisch ist, dann eine Kugel formen, mit etwas Öl einfetten und eine halbe Stunde ruhen lassen. In der Zwischenzeit die gewaschenen Rosinen einweichen, die Äpfel schälen und in Scheiben schneiden, die Nüsse hacken. Die Äpfel, die Walnüsse und die Rosinen (vorher abtropfen und ausdrücken) in eine Schüssel geben, den Honig, den Zimt, die Pinienkerne und die geriebene Zitronenschale hinzufügen, gut verrühren und marinieren lassen.
Wenn die vorgeschriebene Zeit um ist, den Teig mit einem Nudelholz zu einem relativ dünnen Teig ausrollen. In 10 cm große Quadrate schneiden und mit einem Esslöffel kleine Häufchen aus der Füllung auf den Quadraten verteilen. Jedes Häufchen mit ein wenig Kekskrümeln bestreuen. Die Teigränder mit etwas Wasser anfeuchten und die Teigtaschen zusammenfalten, indem die vier Ecken aufeinander gelegt werden. Schließlich im vorgeheizten Backofen bei circa 200 °C backen. Wenn die Hälfte der Backzeit um ist, die Teigtaschen mit dem im Apfelsaft verdünnten Gerstenmalzsirup bepinseln. Wenn die Oberfläche schön goldgelb ist, aus dem Ofen holen und warm oder kalt genießen.

Frustingolo

◂ Marken ▸

Gut 200 g Mehl, 1 kg getrocknete Feigen, 400 g Rosinen, 1 kg Walnüsse, 500 g Mandeln, 100 g Zartbitter-Schokolade, 200 g Zucker, 1 Glas Olivenöl extra vergine.

In etwas lauwarmem Wasser die getrockneten Feigen und die zuvor gewaschenen Rosinen einweichen und in der Zwischenzeit die Walnüsse und die Mandeln schälen. Schokolade, Feigen, Nüsse und Mandeln klein hacken

und in einer Schüssel nach und nach alle Zutaten vermengen. Gut durcharbeiten, den Teig auf einem gefetteten Blech verteilen und 1 Stunde backen.

GALÀNI

◂ Venetien ▸

300 g Mehl, 2 Eier, 2 Orangen, 50 g Butter, Puderzucker, Olivenöl, Salz.

Die Eier gut mit dem Mehl und dem Orangensaft vermengen und die zuvor im Wasserbad geschmolzene Butter und eine Prise Salz unterrühren. Den Teig ausrollen, in recht große Quadrate oder Rhomben (4x10 cm) schneiden und in heißem Öl ausbacken. Die Galàni abtropfen lassen und zum Trocknen auf Küchenpapier legen. Vor dem Servieren mit Puderzucker bestäuben.

GUBANA

◂ Friaul-Julisch Venetien ▸

Für den Teig: 600 g Mehl, 450 g Zucker, 100 g Vollmilch, 90 g Butter, 6 Eier, 1 Zitrone, Backpulver, 1 Gläschen Rum, Salz.
Für die Füllung: 250 g Walnußkerne, 250 g geschälte, gehäutete Mandeln, 250 g Rosinen, 150 g Pinienkerne, 100 g Zucker, 300 g Kakao, 1 Gläschen Rum, 1 Gläschen Grappa, Muskatnuss, 1/2 Teelöffel Zimtpulver, Butter.
Zusätzlich: 1 Ei, Zucker.

Für den weichen Hefeteig die Hefe in lauwarmer Milch auflösen und mit 3 Esslöffeln Mehl verrühren. An einem lauwarmen, dunklen Platz aufgehen lassen und die im Wasserbad geschmolzene Butter unterrühren. Das Ganze mit Zucker, einer Prise Salz, geriebener Zitronenschale, dem restlichen Mehl, 2 Eigelben und dem steif geschlagenen Eiweiß vermengen. Lange durchkneten und eventuell etwas Milch oder Wasser zugeben, falls der Teig zu fest sein sollte, erneut an einem warmen, dunklen Platz aufgehen lassen.
In der Zwischenzeit die Füllung zubereiten: Nüsse, Mandeln und Pinienkerne sehr fein hacken; die zuvor gewaschenen und in wenig Grappa eingeweichten Rosinen ebenfalls klein hacken und den Zimt in einem kleinen Topf mit etwas Butter erhitzen. In einer Schüssel diese Zutaten mit Kakao, Zucker, Rum, Grappa und einer Prise Muskatnuss vermengen.
Den Teig mit den beiden restlichen Eigelben und dem Gläschen Rum gut durchknoten, bis eine homogene Masse entsteht. Ein Küchentuch bemehlen

und mit einem Nudelholz den Teig darauf wenige Millimeter dünn ausrollen. Die Füllung und einige Butterflöckchen auf dem Teig verteilen. Mit Hilfe des Küchentuches den gefüllten Teig aufrollen und in der typischen Schneckenform der Gubana auf ein Backblech (eventuell mit Backpapier) legen.
Mit einem Küchentuch bedecken und an einem warmen Platz einige Zeit aufgehen lassen. Danach die Oberfläche mit Eigelb bepinseln und im vorgeheizten Ofen (180°C) ca. 40 Minuten backen. Mit Zucker bestreuen und servieren.

Sahne-Baiser

150 g Zucker, 3 Eiweiß, 1/2 l flüssige Sahne, Mehl, Butter, Puderzucker.

Das Eiweiß zu festem Eischnee schlagen. Den Zucker (vorher in der elektrischen Küchenmaschine mahlen, damit er sich leichter auflöst) einrieseln lassen und dabei sehr vorsichtig von unten

nach oben umrühren, damit der Eischnee nicht zusammenfällt. Die Masse in einen Spritzbeutel geben und dann auf einem gefetteten und leicht eingemehlten Backblech in der Form eines halben Eis oder einer Locke verteilen. Die Baisers mit etwas Puderzucker bestreuen, dann bei mäßiger Hitze circa eine halbe Stunde in den Ofen schieben. Die Baisers dürfen dabei nur trocknen und weder backen noch dunkel werden. Bevor die Baisers aus dem Ofen geholt werden, einen Baiser herausnehmen, auseinanderbrechen und überprüfen, ob die Baisers fertig sind. Abkühlen lassen. Alle Baisers an der flachen Seite ausheben und mit Schlagsahne füllen und mit einem zweiten Baiser wieder schließen. Jetzt noch mit etwas Sahne garnieren und eventuell mit etwas Kakaopulver bestreuen.

MONT BLANC

◂ *Aostatal* ▸

600 g Esskastanien, 1 Ei, 2 dl flüssige Sahne, 50 g Zucker, 20 g Butter, Puderzucker, Milch, 1 Vanilleschote.

Die Kastanien einschneiden und jeweils ein paar Kastanien ca. 10 Minuten in kochendes Wasser werfen, damit sie sich leichter schälen lassen (auch der innere Film muss entfernt werden). Die geschälten Kastanien mit dem Zucker und der Vanille in eine Kasserolle geben und mit der Milch bedecken. Bei niedrigster Stufe ca. 40 Minuten kochen lassen, oder auf jeden Fall so lange, bis die Milch fast ganz aufgesogen wurde. Die Vanille herausnehmen und die Kastanien durch ein Sieb geben. Mit etwas Milch verrühren, bis eine feste Creme entsteht und mit dem Eigelb und der weichen und mit einem Holzlöffel bearbeiteten Butter binden. Mit Hilfe eines Kartoffelstampfers das Kastanienmus in Form eines Bergs auf einen Servierteller anrichten. Die Sahne mit etwas Puderzucker steif schlagen und damit als "Schnee" den Berggipfel dekorieren. Vor dem Servieren im Kühlschrank kalt stellen.

MOUSSE AU CHOCOLAT

◆

7 Eier, 350 g Bitterschokolade, 125 g Zucker, 50 g Butter.

Den Zucker sehr sorgfältig mit den Eigelben verrühren, bis die Masse steif geworden ist. Die Schokolade zerstückeln, im Wasserbad schmelzen und vom Feuer nehmen. Mit der weichen Butter verrühren und dann die Ei-Zuckermasse vorsichtig von unten nach oben unterheben. Das zu festem Eischnee geschlagene Eiweiß dazugeben und die Mousse in kleine Schüsseln verteilen. Vor dem Servieren mindestens 2 Stunden in den Kühlschrank stellen.

NEPITELLE

◂ *Kalabrien* ▸

350 g Mehl, 3 Eier, 100 g Ricotta (oder Quark), 100 g Rosinen, 50 g Schmalz, 30 g Zucker, 30 g Puderzucker, 1/2 Zitrone, 1/2 Orange, 1 Esslöffel Brandy, Salz.

In einer Schüssel die Ricotta mit einer Gabel verrühren und anschließend einen Esslöffel Zucker mit einem Holzlöffel unterrühren. Die gehackten Rosinen, geriebene Zitronen- und Orangenschale und Brandy zugeben und alle Zutaten gut vermengen.

Das Mehl ringförmig auf eine Arbeitsplatte geben und in der Mitte mit einer Gabel 2 Eier mit dem restlichen Zucker schlagen. Von Hand durcharbeiten, nach und nach das Mehl mit den Eiern vermengen und eine halbe Stunde durchkneten. Den Teig mit einem Nudelholz in zwei dünne Portionen ausrollen; ein Ei mit einem Teelöffel Wasser schlagen und damit die beiden Teighälften bestreichen. Auf eine Hälfte viele Häufchen der Füllung in 3 cm Abstand zueinander setzen. Die zweite Teighälfte auflegen und zwischen der Füllung mit den Fingerspitzen gegen den unteren Teig festdrücken. Mit der Teigschneiderolle Quadrate ausschneiden, auf ein Blech legen und den Schmalz darauf verteilen.

Im Ofen ca. 40 Minuten bei mäßiger Hitze (200°C) backen. Die gebräunten Nepitelle aus dem Ofen nehmen und mit Puderzucker bestäuben.

KOKOSBÄLLCHEN

200 g geriebenes Kokosnussfruchtmark, 250 g Butter, 150 g Puderzucker, 1 TL Kakaopulver, 1 EL Rum.

Die Butter (vorher bei Zimmertemperatur weich werden lassen) so lange rühren, bis sie zu einer weichen Creme geworden ist. Dann den Zucker unterheben und weiter rühren, bis eine weiche und cremige Masse entsteht. Unter ständigem sorgfältigen Rühren den in Rum aufgelösten Kakao und drei Viertel des Kokosnussmarks hinzufügen. Wenn alle Zutaten gut miteinander verrührt sind, mit einem Teelöffel etwas von der Masse herausnehmen und mit den Fingern kleine Bällchen formen, die dann in dem restlichen Kokosmark gewendet werden. Vor dem Servieren einige Stunden in den Kühlschrank stellen.

PANDORO

◂ Venetien ▸

500 g Mehl, 200 g Zucker, 200 g Butter, 40 g Bierhefe, 5 Eier, Vanillin.

Das Rezept des berühmten Pandoro aus Verona ist ein streng gehütetes Geheimnis der Hersteller dieses Kuchens. Wir geben Ihnen dieses Rezept, das keinerlei Ansprüche auf Exklusivität erhebt, Ihnen jedoch gestattet, einen hausgemachten, nicht zu verachtenden Pandoro zu backen.
In einer großen Schüssel die Hefe, 90 g Mehl, ein Eigelb und 10 g Zucker miteinander vermengen, mit einem sauberen Küchentuch bedecken und an einem lauwarmen Platz 3-4 Stunden aufgehen lassen. 150 g Mehl mit 30 g im Wasserbad ausgelassener Butter, 70 g Zucker und 2 Eigelben verrühren. Den zuvor zubereiteten Teig mit einarbeiten, lange durchkneten und 2 Stunden aufgehen lassen.
Danach das restliche Mehl, 50 g Zucker, 30 g im Wasserbad geschmolzene Butter und 2 ganze Eier in den Teig einkneten, energisch durcharbeiten und weitere 2 Stunden ruhen lassen. Daraufhin das Vanillin mit dem Teig vermengen, diesen ausrollen und die restliche Butter in die Mitte geben. Den Teig paketförmig zusammenklappen, erneut ausrollen und diesen Vorgang mehrmals wiederholen.
Nochmals eine halbe Stunde gehen lassen und erneut auf die gleiche Weise verfahren.
Den kugelförmigen Teig in eine gefettete, gezuckerte Kuchenform geben und an einem lauwarmen Platz aufgehen lassen. Wenn der Teig bis an den Rand der Kuchenform reicht, bei mittlerer Hitze in den Ofen geben und eine drei viertel Stunde backen, wobei die Temperatur bereits nach einer viertel Stunde reduziert wird.

Panettone

◂ *Lombardei* ▸

700 g Mehl, 250 g Zucker, 225 g Butter, 200 g Rosinen, 70 g Zitronat und Orangeat, 6 Eier, 2 Zitronen, 20 g Bierhefe, 10 g Salz, Mandeln zur Dekoration.

Für den Hefeteig die Hefe in einigen Esslöffeln lauwarmem Wasser auflösen, 100 g Mehl und ausreichend Wasser zufügen, dass ein fester Teig entsteht. Die Oberfläche kreuzförmig einritzen und zugedeckt eine halbe Stunde an einem warmen Platz aufgehen lassen.
In einer Schüssel die Hälfte des restlichen Mehls mit dem Hefeteig und so viel Wasser verarbeiten, dass die gleiche Konsistenz wie zuvor entsteht. Den Teig in eine bemehlte Schüssel geben und zugedeckt an einem warmen Platz aufgehen lassen, bis er sein Volumen verdoppelt hat. Den Teig nun in einer Schüssel mit dem restlichen Mehl, der im Wasserbad ausgelassenen Butter, dem mit den Eigelben vermengten Zucker, einer Prise Salz und der geriebenen Zitronenschale verarbeiten; falls erforderlich, etwas lauwarmes Wasser unterkneten, damit ein weicher, glänzender Teig entsteht. Sorgfältig durchkneten und die in Würfel geschnittenen kandierten Früchte sowie die eingeweichten, abgetrockneten und bemehlten Rosinen zugeben. Mit Öl oder Butter gefettetes Backpapier in eine entsprechende Backform (rund mit hohem Rand) geben, den Teig einfüllen, oben kreuzförmig einritzen und mit einigen geschälten Mandeln dekorieren, die leicht in den Teig gedrückt werden. Ca. 10 Minuten bei 200°C backen, dann die Temperatur auf 170°C herunterdrehen und weitere 30-40 Minuten backen.

Panna cotta

◂ *Aostatal-Piemont* ▸

500 g Sahne, 200 g Puderzucker, 100 g Zucker, 50 g Milch, 2,5 Blatt Gelatine, 1/2 Vanilleschote.

Die Sahne mit der Vanille und dem Puderzucker (es genügt, normalen Zucker in den Mixer zu geben) auf den Herd stellen und rühren, bis sich der Zucker auflöst, wobei die Masse nicht kochen darf. Die Gelatineblätter in zwei Esslöffeln Milch auflösen und zu der Sahne geben, die in der Zwischenzeit vom Herd genommen wurde. Den Zucker in die Förmchen (oder eine große Form) verteilen, karamelisieren und die Sahne einfüllen. Einige Stunden im Kühlschrank kaltstellen und vor dem Servieren stürzen. Der karamelisierte Zucker kann auch weggelassen werden; in diesem Fall eine Himbeersauce zu der Sahne reichen.

Gewürzkuchen

Umbrien

350 g Mehl, 250 g Honig, 125 g Mandeln, 125 g Zucker, 2 Eier, 1 kleine Zitrone, 6 dl Öl, 1/2 Päckchen Backpulver, Piment, 1 Gewürznelke, Salz, Pfeffer.

In einem Topf den Honig mit dem Zucker und dem Öl verrühren und schmelzen. Das Mehl mit dem Backpulver, einer Prise Pfeffer, der zerriebenen Gewürznelke, zwei Prisen Piment (ein pikantes, pfefferähnliches Gewürz, daher auch Jamaikapfeffer genannt) und einer Prise Salz vermengen. Die Zutaten verarbeiten und nach und nach die Eier, den Honigsirup und die geriebene Zitronenschale zugeben. Den Teig unter einem Küchentuch an einem dunklen, kühlen Platz ruhen lassen, dann formen und backen.
Der Gewürzkuchen kann sowohl als kleines Gebäck als auch als ganzer Kuchen zubereitet werden, der nach dem Backen eine Zucker- oder Schokoladenglasur erhält.

Neapolitanischer *Pastiera*-Kuchen

Kampanien

Für den Teig: 200 g Weizenmehl, 100 g Zucker, 100 g Butter, 2 Eier, Salz.
Für die Füllung: 500 g Ricotta (oder Quark), 200 g Zucker, 200 g Weizen (vorgekocht oder einige Tage im Wasser eingeweicht), 50 g Puderzucker, 40 g Zitronat, 40 g Orangeat, 30 g Butter, 5 Eier, 2 dl Milch, 1 Zitrone, Zimt, Salz.

Für den Mürbeteig das mit dem Zucker vermischte Mehl auf eine Arbeitsfläche häufen, eine Vertiefung eindrücken und die weiche, kleingeschnittene Butter, ein Ei, ein Eigelb und eine Prise Salz hineingeben. Rasch durchkneten, bis ein gleichmäßiger, weicher Teig entsteht, und zugedeckt eine halbe Stunde an einem kühlen Platz ruhen lassen.
In einem Topf unter ständigem Rühren den Weizen mit der Milch, der geriebenen Schale einer halben Zitrone und der Butter 10 Minuten kochen. Den Zucker, die geriebene Schale der anderen Zitronenhälfte, eine Prise Zimt und eine Prise Salz mit der Ricotta vermengen und lange verrühren, bis eine Creme entsteht, der die nicht zu fein gehackten kandierten Früchte zugefügt werden. Nun die 4 Eigelbe und die Weizencreme zugeben und zum Schluss 3 geschlagene Eiweiße unterheben. Zwei Drittel des Mürbeteiges ca. einen halben Zentimeter dick ausrollen und hiermit eine gefettete, bemehlte Kuchenform auskleiden. Die Füllung hineingeben, den Teigrand nach innen klappen und aus dem restlichen Teig einen halben Zen-

timeter dicke Streifen formen, die gitterförmig auf den Kuchen gelegt und mit dem letzten geschlagenen Ei bepinselt werden. Im mäßig warmen Ofen ca. 1 Stunde backen, mit Puderzucker bestäuben und servieren.

Ricciarelli

◂ *Toskana* ▸

250 g Puderzucker, 150 g geschälte süße Mandeln, 15 g Bittermandeln, 1 Ei, 20 Oblaten.

Die Mandeln in kochendes Wasser geben, häuten und kurz im heißen Ofen trocknen lassen. Wenn sie abgekühlt sind, mit Hilfe eines Mörsers oder Mixers zerkleinern und den Puderzucker unterrühren (etwas davon zurückbehalten).
Das Eiweiß zu steifem Schnee schlagen und esslöffelweise die Mandelpaste unterheben. Wenn der Teig so fest ist, dass er nicht mehr mit dem Löffel gerührt werden kann, auf einer mit Puderzucker bestäubten Arbeitsfläche von Hand weiterkneten. Den homogenen Teig mit einem Nudelholz ca. anderthalb Zentimeter dick ausrollen und Kreise von der Größe der Oblaten ausstechen. Die Oblaten auf einem Blech verteilen und jeweils eine Mandelteigscheibe auflegen, mit einem Küchentuch bedecken und eine Stunde an einem kühlen Platz ruhen lassen.
Danach im mäßig warmen Ofen ca. eine halbe Stunde backen (das Gebäck darf nicht dunkel werden), herausnehmen, abkühlen lassen, die eventuell überstehende Hostie abschneiden und mit Puderzucker bestreuen.

Kandierte Schalen

◂ *Sizilien* ▸

1 kg Zitrusfrüchte, 750 g Zucker.

Falls möglich, unbehandelte Orangen, Zitronen und Pampelmusen besorgen.
Die Früchte sorgfältig waschen, abtrocknen und in 1 cm breite Achtel schneiden, wobei ein Teil des Fruchtfleisches an der Schale bleibt. Getrennt 15 Minuten im Wasser kochen und weiterhin getrennt zusammen mit einer Menge Zucker, die drei viertel des Fruchtgewichtes entspricht, in eine große Pfanne geben: für ein kilo Früchte benötigt man ca. 750 g Zucker.
Die Früchte bei kräftiger Hitze karamelisieren, ohne dass der Zucker anbrennt; die Schalen vom Herd nehmen, wenn der Zuckersirup eine gute Konsistenz erreicht und eine bräunliche Farbe angenommen hat.
Auf einer Marmorfläche abkühlen lassen und in Zucker wälzen. In einem dicht schließenden Behälter aufbewahren.

Sbrisolona

Lombardei

200 g Weizenmehl, 200 g feines Maismehl, 200 g Mandeln, 150 g Zucker, 120 g Butter, 100 Schmalz, 2 Eier, 1 Zitrone, Puderzucker, Vanillin, Salz.

◆ Die Mandeln in kochendes Wasser geben, häuten, trocknen und klein hacken.

◆ Die miteinander vermengten Mehlsorten auf eine Arbeitsfläche häufen, eine Vertiefung eindrücken und Zucker, die gehackten Mandeln, die Eigelbe, die geriebene Zitronenschale, eine Prise Salz und eine Prise Vanillin zugeben.

◆ Die Zutaten gut vermengen, erneut aufhäufen und mit der weichen Butter sowie dem Schmalz verkneten. Es entsteht kein fester Teig, wichtig ist nur, dass sich die Zutaten gut miteinander vermengen.

◆ Den Teig sorgfältig in eine gefettete, bemehlte Kuchenform bröseln und eine gleichmäßige Schicht bilden; die Kuchenform mehrmals auf die Arbeitsfläche klopfen, damit keine leeren Zwischenräume bleiben. Ca. 1 Stunde im heißen Ofen backen, abkühlen lassen und vor dem Servieren mit Puderzucker bestäuben.

HONIG *SEBADAS*

◂ *Sardinien* ▸

600 g Mehl, 400 g frischer sardischer Schafskäse, 6 Eier, bitterer Honig, 80 g Schmalz, Frittieröl.

Das Mehl auf eine Arbeitsfläche häufen, eine Vertiefung eindrücken, Eier und Schmalz hineingeben und alles gut durchkneten, bis ein glatter, homogener Teig entsteht. Den Teig sehr dünn ausrollen und Quadrate ausschneiden; in die Mitte jedes Quadrates kleine Stücke Schafskäse legen, die Teigecken zuklappen und die Ränder gut festdrücken. Die Sebadas in einer Pfanne in reichlich Öl ausbacken, auf Küchenpapier abtropfen lassen, mit etwas flüssigem, bitterem Honig bestreichen und heiß servieren.

SFOGLIATINE

◂ *Venetien* ▸

350 g Mehl, 200 g Butter, 1/4 l Milch, 20 g Bachpulver, 4-5 Esslöffel Zucker, 1 Ei, Salz.

Das Mehl mit Zucker, Milch, Backpulver und einer Prise Salz verrühren. Nach und nach die Butter einarbeiten, so dass sich alle Zutaten gut miteinander vermengen. Den Teig auf einer bemehlten Fläche ausrollen, 20 Minuten trocknen lassen und kleine Rechtecke ausschneiden, die mit Eigelb und etwas Zucker bestrichen werden, der zuvor mit ein wenig Wasser erwärmt wurde. Die Sfogliatine auf ein gefettetes Blech geben und backen, bis sie eine goldbraune Farbe annehmen.

APFELSTRUDEL

◂ *Trentino-Südtirol* ▸

Für den Teig: 250 g Mehl, 1 Ei, 2 Esslöffel Öl, Salz.
Für die Füllung: 2 Kg Äpfel, 150 g Semmelbrösel, 250 g Butter, 80 g Zucker, 50 g Rosinen, 50 g Pinienkerne, Zimt, Zitrone.

Das Mehl auf eine Arbeitsfläche häufen, mit dem Ei, Öl und einer Prise Salz durchkneten und nach und nach so viel Wasser zugeben, dass der Teig die richti-

ge Konsistenz erhält. Den Teig durcharbeiten, bis er glatt und elastisch ist, zu einer Kugel formen, einölen und an einem kühlen, dunklen Platz ruhen lassen.
In der Zwischenzeit die Äpfel schälen, vom Kerngehäuse befreien und in dünne Scheiben schneiden; die Semmelbrösel in 150 g Butter rösten. Den Teig mit dem Nudelholz auf einem bemehlten Küchentuch sehr dünn ausrollen, ohne dass jedoch Löcher entstehen. Mit der restlichen, zerlassenen Butter den Teig bestreichen. Die Füllung so verteilen, dass am Ende ein Streifen frei bleibt: zuerst Semmelbrösel aufstreuen, dann die Apfelscheiben verteilen, mit Zucker, eingeweichten, ausgedrückten Rosinen, gerösteten Pinienkernen und geriebener Zitronenschale bestreuen. Vorsichtig mit Hilfe des Küchentuches an der Seite mit Füllung beginnend den Strudel aufrollen, auf ein Blech legen und mit zerlassener Butter bepinseln. Ca. eine halbe Stunde im heißen Ofen backen, mit Puderzucker bestreuen und lauwarm servieren.

Tiramisu

Biskuitboden oder Löffelkekse (Savoiardi), Mascarponecreme, 3 Tassen Espresso-Kaffee, Kakaopulver.

Den Biskuitboden in ca. 1,5 cm hohe Scheiben schneiden. Den Kaffee auf einen Teller gießen und die Scheiben darin einweichen (nicht zu stark aufweichen lassen) und dann als erste Schicht in eine flache Form legen. Mit der vorher zubereiteten Mascarponecreme bedecken und eine zweite Schicht eingeweichte Scheiben darauf legen. Mit einer Schicht Mascarponecreme abschließen. Die Süßspeise im Kühlschrank kalt stellen und vor dem Servieren mit einer gleichmäßigen Kakaopulverschicht bedecken. Anstatt des Biskuitteigs können auch Löffelkekse verwendet werden.

Torcolo

◂ *Umbrien* ▸

400 g Mehl, 200 g Zucker, 150 g Pinienkerne, 50 g kandierte Früchte, 50 g Rosinen, 1 Ei, 10 g Bikarbonat, 1 Prise Anissamen, 60 g Butter, Salz.

Die kandierten Früchte in Würfelchen schneiden, die Rosinen zerkleinern, die Pinienkerne ca. 3 Minuten im Backofen rösten und im Mörser zerstampfen. Das Mehl auf eine Arbeitsfläche häufen, eine Vertiefung eindrücken und die weiche Butter, Pinienkerne, Zucker, Bikarbonat, Anissamen, das Ei und eine Prise Salz hineingeben. Einige Minuten durchkneten, dann die kandierten Früchte und die Rosinen zugeben und aus dem Teig einen Ring formen. Ein Backblech einfetten, leicht bemehlen, den Torcolo darauf legen und in den vorgeheizten Ofen geben. Bei mäßiger Hitze (200°C) ca. eine halbe Stunde backen, bis sich die Oberfläche bräunt. Vor dem Servieren abkühlen lassen.

Joghurttorte

1 Becher (125 g) Naturjoghurt, 1 Becher Zucker, 3 Becher Mehl, 1/2 Becher Olivenöl extra vergine, 3 Eier, 1 Zitrone, Salz.

Bei dieser bekanntesten Variante dieser Torte, die sich ganz leicht zubereiten lässt, wird die Dosierung der Zutaten mit dem Becher vorgenommen, der vorher das Joghurt enthielt. Das Eigelb sorgfältig mit dem Zucker verrühren, dann das Mehl, das Olivenöl, den Joghurt und den Eischnee hinzufügen. Eine Prise Salz und die geriebene Zitronenschale beigeben. In eine gefettete und eingemehlte Tortenform geben und circa eine Dreiviertelstunde im vorgeheizten Backofen backen. Wer will kann die Torte nach dem Backen noch mit Puderzucker bestreuen oder statt des Naturjoghurts, auch Bananen- oder Aprikosenjoghurt verwenden.

Möhrentorte

◂ *Trentino-Südtirol* ▸

300 g Karotten, 300 g Mandelkerne, 300 g Zucker, 4 Eier, 1 Zitrone, 1 Gläschen Rum, 1 EL Mehl.

Den Zucker sorgfältig mit den Eigelben von 4 Eiern verrühren, bis eine gleichmäßige und cremige Masse entsteht. Dann unter ständigem Rühren das Mehl, die geriebenen Karotten, die gehackten Mandeln, die geriebene Zitronenschale und den Rum hinzufügen. Zuletzt den Eischnee vorsichtig unterheben.

Die Masse in eine gefettete und eingemehlte Tortenform geben und circa eine Dreiviertelstunde im vorgeheizten Backofen backen. Wer es lieber mag, kann den Rum auch durch eine Prise Muskatnuss, etwas Honig oder Zitronensaft ersetzen.

Schwarze Johannisbeertorte

◂ *Trentino–Südtirol* ▸

250 g feines Maismehl, 100 g Weizenmehl, 300 g schwarze Johannisbeeren, 6 Eier, 220 g Butter, 200 g Zucker, 20 g Honig, 1 Tüte Vanillin, 1 Tüte Trockenhefe.

Die Eigelb mit dem Zucker verrühren, bis eine weiche Creme entsteht. Dann das Maismehl, das Weizenmehl, die Hefe und das Vanillinpulver hineinrieseln lassen. Mit der Butter, die im Wasserbad geschmolzen wurde, verrühren und das zu Eischnee geschlagene Eiweiß unterheben.

Ein runde Form einfetten und einmehlen, die Masse hineingeben und bei mäßiger Hitze circa eine Stunde backen. Nach Ende der Backzeit, die Torte noch ca. 10 Minuten im Ofen ruhen lassen, dann in der Mitte horizontal durchschneiden.

Die Johannisbeeren, die in der Zwischenzeit gewaschen und einige Minuten in kochendem Wasser gelegen haben, mit etwas Honig vermischen und auf den unteren Tortenboden verteilen. Die andere Tortenscheibe darauf setzen und servieren.

Ricottakuchen

◂ *Kampanien* ▸

300 g Mehl, 20 g Ricotta (oder Quark), 100 g Pinienkerne, 10 g Rosinen, 1 Ei, 1 Zitrone, Vanille, 2 Esslöffel Honig, 80 g Butter, 1 Esslöffel Olivenöl extra vergine, Salz.

Mehl, Butter, 1 Esslöffel Honig, eine Prise Salz und ausreichend Wasser zu einem Teig verarbeiten, den man eine halbe Stunde im Kühlschrank ruhen lässt. In der Zwischenzeit für die Füllung die Ricotta, die in lauwarmem Wasser gewaschenen, eingeweichten Rosinen, 50 g Pinienkerne und etwas geriebene Vanille in eine Schüssel geben.

Ein Glas Wasser zugießen und alle Zutaten verrühren, bis eine recht dickflüssige Creme entsteht. Die restlichen Pinienkerne, das Ei, den restlichen Esslöffel Honig, das Öl und die geriebene Zitronenschale in einem Teller gut verrühren und mit der Ricotta-Creme vermengen. Eine gefettete, bemehlte Form mit demTeig auskleiden, die Ricotta-Creme einfüllen und bei mittlerer Temperatur ca. 1 Stunde backen. Kalt servieren.

Bandnudelkuchen

◂ *Emilia Romagna* ▸

Für den Mürbeteig: *300 g Weizenmehl, 120 Zucker, 80 g Butter, 2 Eier.*
Für die Bandnudeln: *Weizenmehl nach Bedarf, 1 Ei.*
Für die Füllung: *100 g Zucker, 100 g Butter, 120 g geschälte süße Mandeln, 15 g geschälte Bittermandeln, 50 g Schokoladenpulver, 1 Gläschen Anislikör, Saft einer 1/2 Zitrone.*
Dazu: *20 g Butter, 20 g Zitronat, Puderzucker.*

Mit den genannten Zutaten einen Mürbeteig zubereiten. Das Mehl mit dem Zucker vermengt auf eine Arbeitsplatte häufen. Eine Vertiefung eindrücken, die weiche, klein geschnittene Butter und die Eigelbe hineingeben und rasch durchkneten, bis ein weicher, gleichmäßiger Teig entsteht; zu einer Kugel formen und unter einem Küchentuch eine halbe Stunde ruhen lassen.

Für die Bandnudeln einen festen Teig aus Mehl und dem Ei zubereiten. Lange durchkneten, dünn ausrollen und leicht antrocknen lassen. Den Teig aufrollen, in dünnle Bandnudeln schneiden und diese sofort auf einer bemehlten Fläche ausbreiten. Für die Füllung die Mandeln mit kochendem Wasser überbrühen, häuten und im Backofen leicht anrösten. Die Mandeln hacken, mit Butter, Zucker, den gehackten Bittermandeln, Schokolade, Anislikör und Zitronensaft vermengen. Den Mürbeteig mit einem Wellholz auf der leicht bemehlten Arbeitsfläche ausrollen, eine Kuchenform mit dem Teig ausreichend hoch auskleiden, die Füllung darin verteilen und den überstehenden Teigrand auf die Füllung klappen. Die Kuchenoberfläche mit den Bandnudeln bedecken, die zerlassene Butter übergießen, mit Backpapier bedecken und ca. eine halbe Stunde bei mäßiger Hitze (180°C) backen. Den Kuchen aus dem Ofen nehmen, das Backpapier entfernen, das klein geschnittene Zitronat verteilen und mit Puderzucker bestreuen. Vor dem Servieren einen Tag an einem kühlen Platz ruhen lassen.

Zaletti

◂ *Venetien* ▸

250 g Maismehl, 100 g weißes Maismehl, 330 g Rosinen, 250 g Zucker, 6 Eier, 1 l Milch, 100 g Butter, 2 Zitronen, 1 Vanilleschote, Salz.
Für die Creme: *4 Eigelbe, 80 g Zucker, 2 Esslöffel Mehl, 1/2 l Milch, 1 Zitrone.*

Die Milch mit einer Prise Salz und der Vanille zum Kochen bringen. Die Vanille herausnehmen und die beiden miteinander vermischten, gesiebten Mehlsorten einrieseln lassen. Sorgfältig rühren, vom Herd nehmen und Zucker und Butter unterrühren. Wenn alles gut vermischt ist, einige Stunden durchziehen lassen.
In der Zwischenzeit die Creme zubereiten: in einem hohen Topf die Eigelbe

mit dem Zucker vermengen. Sobald der Zucker aufgelöst ist, nach und nach das Mehl zugeben und unter ständigem Rühren die heiße Milch und die geriebene Zitronenschale einarbeiten. Den Topf auf den Herd stellen und unter ständigem Rühren zum Kochen bringen. 3 Minuten kochen lassen, abschalten und abkühlen lassen. In die Mehlmasse nach und nach die Eier, die geriebene Zitronenschale, die abgekühlte Creme und die in lauwarmem Wasser eingeweichten, getrockneten und bemehlten Rosinen unterrühren. Die Masse in 5 cm großen, recht dicken Scheiben auf ein gefettetes Backblech geben und ca. eine halbe Stunde im Ofen backen. Mit Puderzucker bestreuen und lauwarm servieren.

Zelten

◂ *Trentino-Südtirol* ▸

200 g Mehl, 100 g getrocknete Feigen, 100 g geschälte Walnüsse und Haselnüsse, 50 g Rosinen, 50 g Pinienkerne, 50 g Orangeat, 60 g Butter, 20 g Bierhefe, 1 Ei, 2 Tässchen Milch, 2 Esslöffel Honig, Vanille, geschälte Walnüsse und Mandeln zum Dekorieren, Salz.

Die getrockneten Feigen klein schneiden und mit den Rosinen in lauwarnen Wasser einweichen. Das Mehl mit einer Prise Salz vermengen, in eine Schüssel häufen und eine Vertiefung eindrücken. Die Hefe in etwas lauwarmem Wasser mit einem Teelöffel Honig auflösen und zu dem Mehl geben. Die Hefe mit ein wenig Mehl vermengen und eine halbe Stunde aufgehen lassen. Danach die weiche, in Stücke geschnittene Butter, den restlichen Honig und das Ei mit dem

Mehl vermengen; etwas Milch mit einkneten, so dass eine weiche, cremige Masse entsteht. Nun die abgegossenen, ausgedrückten Rosinen und Feigen, Pinienkerne, die gehackten Wal- und Haselnüsse und das grob zerkleinerte Orangeat zugeben. Alles gut vermengen, zudecken und an einen lauwarmen Platz, vor Luftzug geschützt, zwei Stunden durchziehen lassen. Eine runde Kuchenform fetten und bemehlen, den Teig darin verteilen, die Oberfläche mit Mandeln (zum Häuten mit kochendem Wasser überbrühen) und Walnusskernen dekorieren und im vorgeheizten Ofen ca. 1 Stunde backen. Der Zelten wird nicht sofort verzehrt sondern mindestens 36 Stunden stehen gelassen. Gut geschützt und an einem kühlen Platz lässt er sich lange aufbewahren.

Zeppole di San Giuseppe

◂ Kampanien ▸

500 g Mehl, 15 g Bierhefe, 100 g Zucker, 1 Ei, 1 Zitrone, Milch, 50 g Butter, Olivenöl, Puderzucker.

Die Hefe in etwas lauwarmem Wasser gut auflösen, wenig Mehl zugeben und verrühren, so dass eine weiche Masse entsteht, die man eine halbe Stunde aufgehen lässt. Danach das Ei, etwas lauwarne Milch, Zucker, die im Wasserbad zerlassene Butter, geriebene Zitronenschale und das restliche Mehl mit einarbeiten.

Den Teig gut durchkneten, bis er fest und homogen ist, und kleine Kringel formen. Auf einem bemehlten Küchentuch aufgehen lassen und im heißen Öl ausbacken. Die Zeppole herausnehmen, wenn sie goldbraun sind, auf einem Küchenpapier abtropfen lassen und mit Puderzucker bestreuen.

Englische Suppe

Biskuitboden oder Löffelkekse (Savoiardi), Konditorencreme (Crema pasticciera), 150 g Bitterschokolade, Alchèrmes, Rum.

Den Biskuitboden in ca. 1 cm dicke Scheiben schneiden. Die noch warme Konditorencreme in zwei Teile aufteilen: ein Teil wird mit der Schokolade vermischt, die vorher gerieben und mit zwei Esslöffel Wasser im Wasserbad geschmolzen wurde. Zwei Teller vorbereiten: einen für den etwas mit Wasser verlängerten Alchèrmes und einen für den ebenfalls mit Wasser verlängerten Rum. Eine Schüssel mit Butter einfetten und etwas Zucker hineinstreuen, dann eine Schicht der im Alchèrmes eingeweichten Biskuitscheiben hineinlegen. Mit der Schokoladencreme bedecken. Dann eine Schicht der in Rum eingeweichten Biskuitscheiben darauf legen und mit der einfachen Konditorencreme bedecken. Die Prozedur so lange wiederholen, bis alle Zutaten aufgebraucht sind. Mit einer gleichmäßigen Cremeschicht abschließen. Die Süßspeise einige Stunden vor dem Servieren im Kühlschrank kalt stellen.

Nach Belieben mit Sahnehäubchen garnieren. Anstatt des Biskuitbodens können auch Löffelkekse verwendet werden.

Inhaltsverzeichnis

Vorspeisen

Brot, Focacce, Pizza, Quiches

Saucen

Erste Gänge

Fleischgerichte

Fischgerichte

Beilagen

Desserts und Liköre